KB138086

아이디어가 팔리는 순간

FIND YOUR RED THREAD: Make Your Big Ideas Irresistible

Copyright © 2021 by Tamsen Webster

All rights reserved.

Korean translation rights arranged with Transatlantic Literary Agency Inc.,

Toronto through Danny Hong Agency, Seoul.

Korean translation copyright © 2023 by Hyundae Jisung

이 책의 한국어판 저작권은 대니홍 에이전시를 통한 저작권사와의 독점
계약으로 ㈜현대지성에 있습니다. 신저작권법에 의해 한국 내에서 보호
를 받는 저작물이므로 무단전재와 복제를 금합니다.

탬슨 웹스터 지음
박세연 옮김

아이디어가
팔리는 순간

통하는 아이디어, 팔리는 콘텐츠를 만드는
5단계 스토리텔링 공식

현대
지성

추천의 글

세일즈와 마케팅의 핵심은 판매자가 구매자의 언어로 그들이 원하는 것을 알려주는 데 있다. 듣자마자 귀에 박히고 마음을 사로잡는 카피와 컨셉은 이 과정에서 고객의 감정을 얼마나 흔들어놓았느냐로 결정된다.

세계적인 대중 강연의 꽃, 'TED 토크'의 제작 총책임자인 저자는 수백 편의 TED 강연 제안서와 아이디어 기획서에서 고객의 마음을 한순간에 사로잡은 "매력적인 설득 공식"을 정리했고, 그 모든 정수를 책에 고스란히 담아냈다.

매가리 없는 카피, 몇 번째 다시 쓰는 보고서, 통과되지 못한 기획안, 쌓이는 재고, 찾지 않는 블로그, 조회 수 폭망인 유튜브 영상으로 쩔쩔매고 있는가? 강력한 한 방이 필요한 모든 결정적 순간에 이 책이 무기가 되어줄 것이다. 단 5줄로 원하는 것을 얻어내고 싶은 콘텐츠 기획자와 마케터, 그리고 '파는 사람' 모두를 위한 필독서로 추천한다.

장문정 | 상품 마케팅 전문가. "홈쇼핑 기네스 125억 신화"의 주인공.
『팔지 마라, 사게 하라』 저자

아이디어가 많은 사람과 아이디어를 잘 파는 사람 중에 어떤 사람이 되고 싶은가? 나라면 후자를 선택하겠다. 이제 마케터들은 시장에 아이디어를 잘 팔기 위해 뛰어난 스토리텔러가 되기를 요구받고 있기 때문이다.

같은 아이디어라도 이야기를 전하는 방법에 따라 결과가 무척 달라지는 것을 우리는 많이 경험한다. 수많은 아이디어를 어떻게 이야기로 바꿔나가느냐에 따라 그 탁월함이 눈에 띄게 달라지기 때문이다.

아이디어는 많지만 잘 파는 방법을 도무지 모르겠다면 당장 이 책을 집어들길 바란다. 두루뭉술했던 메시지를 아주 뾰족하게 만들고, 아이디어를 이야기로 만드는 방법에 관해 구체적인 사례와 많은 통찰이 반짝인다.

이렇게까지 알려준다고? 그렇다면 훔쳐 와야지.

이승희 | 기록자(記錄者). 마케터. 『일놀놀일』, 『별게 다 영감』 저자

이 책이 말하는 '팔리는 아이디어'로 당신은 전에 없던 차별화 포인트를 만들어낼 수 있다. 공감으로 변화를 일으키는 법을 알려주는 책이다.

세스 고딘 | 『마케팅이다』, 『보랏빛 소가 온다』 저자

변화에 가장 도움이 되는 말은 우리가 스스로에게 들려주는 이야기다. 이 책은 이 작업을 위한 비밀 메시지를 해독하고 만들어가는 데 큰 도움을 준다.

다니엘 핑크 | 『후회의 재발견』, 『파는 것이 인간이다』 저자

저자는 다양한 아이디어를 가슴에 와닿는 설득력 있는 스토리텔링으로 엮어낼 줄 아는 보기 드문 재능의 소유자다. 의사소통을 업으로 삼은 사람이라면 반드시 읽어봐야 할 책이다!

앤드류 로 | MIT 경영대학원 교수

당신에겐 거대한 아이디어가 있다. 탬슨의 탁월한 책은 사람들이 그 아이디어를 받아들이고, 내면화하고, 사랑하도록 만들어줄 것이다.

앤 핸들리 | 마케팅프로프스 최고콘텐츠책임자(COO)

뛰어난 아이디어라도 관심을 받지 못하면 아무런 의미가 없다. 당신의 아이디어를 외면하기 힘든 것으로 만들 수만 있다면, 우리는 세상을 바꿀 수 있다. 이 책에서 그 방법을 찾자.

샐리 호그셰드 | 『세상을 설득하는 매혹의 법칙』 저자

당신 아이디어 속에 있는 잠재력과 남이 듣는 이야기 사이에는 종종 거대한 격차가 나 있다. 이 책은 이러한 격차를 메우고 시장에서 존재감을 드러내기 위한 실천적인 접근 방식을 체계적으로 알려준다.

도리 클라크 | 듀크대학교 비즈니스스쿨 경영자 과정 교수

목차

바보는
떠돌고
현자는
여행한다

—

탁월했던 당신의 아이디어는
어째서 흔해 빠진 이야기가 돼버렸을까?

이 책의 주제는 한 문장으로 요약된다. "당신의 아이디어를 도저히 거부할 수 없게 하려면, 사람들이 흥에 겨워 자기 자신에게 들려줄 만한 이야기로 만들면 된다."

이미 그 방법을 알고 있다면(이미 매력적인 아이디어가 있다면) 여기서 그만 책을 덮어도 좋다.

반면 자기 아이디어가 삶과 시장 혹은 세상을 바꿀 만큼 거대한 것인데도 다른 이들에게 외면을 받는다는 생각이 든다면, 이 책은 당신을 위한 것이다. 나는 아이디어를 통해 세상에 영향을 미치고자 하는 당신 같은 사람을 위해 이 책을 썼다. 그리고 아이디어의 잠재력을 높게 평가하고 최고라고 자부하는 이들을 위해 썼다. 또한, 매력적인 자기 아이디어를 사람들에게 제대로 전달하지 못하고 있는 사람들을 떠올렸다.

당신의 아이디어를 가지고 사람들이 흥분해서 스스로에게 들려줄 이야기로 만들게 하는 일.

이 기술을 이 책에서는 '빨간 실Red Thread'이라고 칭한다.

미로 정원을 빠져나와 당신의 이야기를 전하라

이 책에서 말하는 빨간 실은 원래 관용적인 표현으로, 그리스 신화에서 테세우스가 미노타우로스를 물리치는 과정에서 등장한 표현이다. 그는 미래의 아테네 왕으로서 반은 사람 반은 황소인 괴물을 죽여야 했다. 게다가 미노타우로스를 죽인 후에도 괴물이 살고 있는 미로 정원을 빠져나와야 했다. 문제는 미로 정원이 '너무 어둡고 복잡해서' 미노타우로스조차 탈출할 수 없다는 것이었다. 테세우스에게 그 미로 탈출은 괴물을 죽이는 것만큼 중요한 과제였다.

테세우스는 어떻게 했을까? 그는 두 과제를 해결하기 위

아이디어가 팔리는 순간

해 몇 가지 도구를 가져갔다. 우선 괴물을 죽이기 위해 칼을 들고 갔다. 그리고 미로를 빠져나오기 위해 빨간 실을 감은 공을 들고 갔다. 그는 괴물을 죽이러 가면서 빨간 실로 경로를 표시했고, 나중에 그 실을 따라 미로를 탈출할 수 있었다. 그는 괴물을 죽였고 마침내 도시를 구했다.

그런데 테세우스 이야기가 우리의 비즈니스와 브랜드, 제품, 즉 우리가 펼치려는 아이디어와 무슨 상관이 있을까? 그 전부와 깊은 관련이 있다. 결국, 최고의 아이디어란 오래된 문제(괴물 죽이기)를 해결하기 위해 새로운 방법을 발견하고 목표(도시 구하기)를 성취하는 데 필요한 강력한 한 방이기 때문이다. 이러한 아이디어는 규모가 크든 작든 간에 사람들의 사고방식에 변화를 자극한다. 하지만 중요한 변화를 만들어내는 아이디어가 시작되는 곳(그리고 그 아이디어가 퍼져나가는 곳)은 종종 전설의 미로 정원만큼 어둡고 복잡하다.

아이디어의 빨간 실을 고객에게 보여주기 위해, 우리는 먼저 그것을 발견해야 한다. 테세우스가 그랬던 것처럼, 자신이 걸어갔던 길, 아이디어의 맨 처음으로 거슬러 올라갈 수 있어야 한다.

괴물을 죽이고 혼돈을 잠재우라

스웨덴을 비롯해 북유럽 국가에서 "빨간 실"이라는 용어는 핵심 아이디어, 즉 모든 것을 타당하게 만드는 "직결선throughline"을 뜻한다. 어떤 의미를 분명하게 하려 할 때, 이 용어를 사용한다.

빨간 실은 아이디어를 이해하기 위해 스스로 선택한 '정신적 경로'를 말한다. 그 아이디어로 행동은 물론 실질적이고 지속적인 변화를 이끌어내려면, 다른 사람도 우리 아이디어를 이해하도록 만들어야 한다. 그들이 우리의 아이디어 속에서 빨간 실을 발견해내도록 해야 한다. 사람들이 우리의 웹사이트에 접속했을 때, 세일즈 회의나 프레젠테이션에서 함께 이야기를 나눌 때 그리고 온라인 영상이나 기조연설에서 우리 강연을 들을 때, 비즈니스와 제품, 브랜드에 관한 질문에 따른 우리의 대답 속에서 그들은 '빨간 실'을 발견해야 한다. 그리고 무엇보다 우리 아이디어를 이해하고 동의해야 한다.

사람들은 다양한 아이디어와 선택지라는 미로를 헤쳐나가기 위해 빨간 실을 찾는다. 빨간 실은 우리가 원하는 방식으로 사람들이 행동하게 하고, 우리가 추구하는 결과를 얻도록 안내하는 능력을 상징한다.

빨간 실은 자기 아이디어에서 가장 중요한 측면, 즉 그게 무엇인지, 왜 사람들이 관심을 기울여야 하는지에 대한 분명하고 강력한 대답이다.

이 책의 활용법

고객 행동을 가로막는 최대 장애물은 자기 아이디어에 대해 말하려는 것과 사람들이 들으려는 것 사이의 간격이다. 행동 자극을 받으려면 머리로 구체적인 구조를 들어야 하는데, 이 모두는 이야기로 귀결한다. 이 책에서 나는 이야기의 중요한 측면을 드러내는 핵심 요소 다섯 가지를 소개하고, 이것을 사용하는 구체적인 방법도 제시할 것이다. 이 책은 세 부분으로 구성되어 있다.

1부에서는 빨간 실에 관해 여러 시각에서 설명하고, 이야기의 핵심 요소 다섯 가지를 소개할 것이다.

- ▸ 목표 세우기
- ▸ (사람들이 깨닫지 못하는) 문제 드러내기
- ▸ (선택을 요구하는) 진실 발견하기
- ▸ (생각이나 행동에서) 변화 정의하기
- ▸ (변화를 실현할) 행동 설명하기

우리는 자신의 빨간 실을 어디서, 누구와 함께 그리고 어떤 결과를 위해 사용할 것인지 정의하면서 빨간 실이 어떻게 숨겨져 있는지 확인할 것이다. "위대한 아이디어는 발견하는 게 아니라 만들어내는 것이다."

2부에서는 다섯 가지 "빨간 실 문장", 즉 이야기의 목표와 문제, 진실, 변화 그리고 행동 요소에 관한 구체적이고 형식적인 문장 각각을 세부적으로 들여다볼 것이다. 각 장에서는 요소에 대한 정의, 문장 기준, 문장 개발을 위한 단계별 지침을 제시한다.

3부에서는 2부에서 확인한 빨간 실 문장들을 고객이 유용하다고 느낄 만한 형태로 연결하는 법을 보여준다. 빨간 실 문장들을 한 단락으로 요약한 '빨간 실 스토리라인 Red Thread Storyline' 그리고 한 문장으로 요약한 '빨간 실 직결선 Red Thread Throughline'이다.

결론에서는 빨간 실에 대한 두 가지 추가 해석과 적용을 보여준다. 그리고 아이디어의 빨간 실을 발견하는 과정에서 우리는 자기 인생을 관통하는 빨간 실을 발견할 수도 있다.

빨간 실을 어디서, 어떻게 활용할 것인가

나는 대단히 회의적이고 이야기 공포증이 있는 이들을 포함해 수백 명의 고객과 함께 이 접근 방식을 실험해봤고, 수천 번 넘게 강의도 했다. 이를 통해 많은 이들이 다양한 의사소통 기반을 통해 다음과 같은 상황에서 꼭 필요한 준비를 할 수 있었다.

▸ 마케팅 메시지와 자료 구성
▸ 투자 및 후원 요청

▸ 책과 온라인 콘텐츠 구성

▸ 전략적인 세일즈 설득

▸ 회사 내부 프레젠테이션 및 간략한 메시지 준비

▸ 기조연설, 다양한 워크숍에서 키 노트 메시지 준비

그 결과는 어땠을까? 고객들은 빨간 실 접근 방식을 활용해 수백만 달러를 끌어모아 연구나 스타트업 자금으로 쓸 수 있었다. 그리고 내부 조직이나 시장에서 기반을 차근차근 다진 곳도 수십 곳이었다. 또한, 베스트셀러를 포함하여 다양한 책과 내부 회의, 기조연설 그리고 TED와 같은 수백 개의 프레젠테이션에 녹아들어 있는 개요가 모두 이 빨간 실에서 시작했다. 당신 역시 사업이나 회의, 발표 아이디어 구상 과정에서 이것을 활용할 수 있다.

책 전반에 걸쳐 다양한 연구에서 가져온 많은 사례를 제시할 예정이다. 아래 사례와 비슷한 상황이라면 당신도 자신만의 빨간 실을 만드는 데 인사이트를 얻을 수 있다.

▸ 어슈어 UrSure라는 생명과학 분야 스타트업은 투자자를 대상으로 메시지 전달 방식을 개선하고자 했다.

아이디어가 팔리는 순간

▸ 한 비영리 언론 기업의 편집팀은 새 프로젝트를 추진하기 위해 경영진의 승인(그리고 재정 지원)이 필요했다.

▸ 저자이자 강연자, 코치인 린다 우겔로우Linda Ugelow는 기조연설 초안을 잡은 다음, 이것을 집필 중인 책의 초안으로 그대로 사용했다.

▸ 트리시아 왕Tricia Wang은 TEDx에서 진행할 자신의 강연에서 큰 주목을 끌고 싶었다(내 고객 여섯 명에게도 같은 일이 일어났다).[1]

▸ 커리어 전문가 트레이시 팀Tracy Timm은 새 고객을 대상으로 다양한 메시지를 준비하고자 했다.

▸ 강연자이자 저자 그리고 세컨드시티Second City(시카고에 있는 즉흥 연극 집단─옮긴이)의 멤버 쥬디 홀러Judi Holler는 더 큰 무대에 서기 위해 기존의 원고를 대폭 수정해야만 했다.

▸ 리더십 전략가이자 강사인 테드 마Ted Ma는 자신만의 차별화된 리더십 메시지를 준비하려고 했다.

각 장의 시작 부분에서는 빨간 실 기반 접근법을 요약 소개하고 있다. 그 장과 이 책을 지탱하는 뼈대와 같으므로 세심히 읽어보라. 그 방식을 활용하여 거대한 아이디어를 어떻게 구축하는지 보여준다.

위대한 아이디어를 만들어내는 새로운 방법

위대한 아이디어는 발견하는 것이 아니라 만들어내는 것이다. 당신도 부지불식간에 일상을 통해 매일 빨간 실을 만들어낸다. 우리는 고유하면서도 보편적인 이야기를 기반으로 자기만의 아이디어를 하나씩 만들어야 한다. 이야기는 세상을 바라보는 당신만의 시선과 그러한 세상에서 인생을 빛내는 당신만의 방법을 서로 연결한다.

그것은 아르키메데스가 욕조에서 그리고 아이작 뉴턴이 사과를 들고 "유레카!"를 외쳤던 순간이다. 그리고 당신이 괴물을 죽이는 새로운 방법을 깨달은 순간이기도 하다.

하지만 이야기는 동시에 모든 사람이 함께 공감하고 따라올 수 있도록 보편적이어야 한다. 우리는 이야기를 일반적인 형태로 말할 수 있어야 하고, 또한 일상 대화든 책을 통해서든 간에 누군가의 마음속에 빨간 실을 만들어내야 한다.

다른 사람들 역시 당신과 마찬가지 순간을 경험할 수 있다. '당신의' 방식을 빌려 '자신의' 괴물을 죽이는 방법을 깨닫는 것이다. 그때 당신의 아이디어는 그들의 아이디어가 된다. 이것이 바로 빨간 실의 힘이자 가능성이다.

빨간 실을 활용해 아이디어에서 행동을 끌어내는 이들에게서 자주 듣는 말이 있다.

"엄청납니다. 확실히 효과가 있군요."

당신에게도 그럴 수 있다.

1부

미로 정원 탈출 준비

오래된
바이올린이
좋은 소리를
낸다

—

1장

◆

뇌는 스스로 이야기를 만든다

목표: 아이디어를 행동으로 전환하자(나아가 세상을 바꾸자).

문제: 자기 아이디어에 대해 하고 싶은 말 그리고 다른 사람이 듣고 싶어 하는 말 사이에는 거대한 간격이 있다. 사람들이 당신의 아이디어를 이해하고 동의할 때 비로소 행동이 시작된다.

진실: 아이디어는 이야기를 기반으로 지어진다. 인간의 두뇌는 아이디어를 처리하고 수용한 다음, 이를 기반으로 행동해왔다. 이것이 바로 이야기다.

변화: 아이디어를 통해 행동과 지속적인 변화를 이끌어내려면 자기 자신에게 자발적으로 들려줄 이야기를 만들어내야 한다.

행동: 이야기를 만들어내기 위해, 두뇌가 아이디어에 관해 어떤 이야기를 구축했는지를 확인하자.

"이렇게 명백한 걸 도대체 왜 놓쳤지?"

당신은 이런 질문을 던져본 적이 있을 것이다. "아니, 이렇게 명백한 것을 왜 못 봤을까?" 테세우스처럼 당신에게는 죽여야 할 괴물이 있었다. 해결해야 할 문제, 성취해야 할 목표가 있었다. 그 질문을 마음에 품고 답을 찾으러 돌아다녔다. 상황을 관찰했다. 그리고 그 상황을 많이 연구하고, 질문에 대한 다양한 답변도 들었을 것이다. 그중 일부는 시도도 해봤을 것이다. 하지만 이유가 무엇이든 간에 당신이 보고 들었던 답은 "해답"이 아니었다. 적어도 당신에게는.

그러던 어느 날 뭔가가 바뀌었다. 당신은 그 문제를 '다른 방식'으로 생각할 수 있다는 사실을 깨달았다. 혹은 예전에는 볼 수 없었던 것이 선명하게 드러났다. 그때의 깨달음이 너무도 분명해서 왜 예전에는 이런 사실을 몰랐는지 혹은 곁에서 알려주는 사람이 없었는지 궁금해질 정도다! 머리에 전구가 켜진 것이다. 그리고 당신은 해답, 즉 무엇을 다르게 해야 하는지에 대한 아이디어를 얻었다. 당신은 예전에 누구도 하지 못한 방식으로 원래의 질문에 답하는 법을 이해했다.

아이디어가 팔리는 순간

아마도 그 과정은 서서히 진행됐을 것이다. 처음에는 의식적이거나 집요하지 않고, 잠깐 떠올리는 수준으로 시작되었을 것이다. 또한, 답이라고 해봐야 엄청난 깨달음도 아닌 것 같았다. 그럼에도 상황을 둘러보고 자기 길을 새롭게 발견한 순간이 틀림없이 있었다. 당신은 그렇게 더 나은 길을 발견했다.

그 길이 이 책에서 말하는 '아이디어'다. 아이디어는 아직 해답이 없거나, 더 나은 답이 필요한 질문에 당신이 내놓은 해답이다.

당신의 아이디어는 괴물과 싸워서 무찌르게 하는 방법이다. 다른 사람도 그 방법을 사용해 똑같은 괴물을 죽일 수 있다. 예를 들어 온라인 채팅 서비스 슬랙Slack을 생각해보자. 슬랙은 기업이 서로 의사소통하는 새로운 방식을 제시했다. 그들은 이메일의 문제점을 해결했다. 사실 이메일 역시 종이 메모나 회의의 문제점을 해결하기 위한 새로운 방식이었다. 사이먼 시넥이 말하는 "왜why로 시작하라"[2] 역시 리더가 "행동을 자극하는" 방법에 대해 접근방식을 새롭게 해본 것이다. 다이아몬드 반지로 두 사람의 약속이 "영원"하다는 사실을 보여주자 전에 없던 잠재적 수요를 폭발적

66

이야기는
미로를
탈출하게 하는
지도다
—

으로 일으켰다(이에 대한 자세한 이야기는 잠시 후 살펴보자)

당신에게도 그 아이디어가 있다. 다음 단계는 사람들이 그 아이디어에 대해 알도록 만드는 것이다. 하지만 바로 여기서 문제가 시작된다.

아이디어가 처음 그리고 빨리 실패하는 지점

나는 4년 동안 TEDx케임브리지 책임 프로듀서로 일했다. TED 토크라는 브랜드를 기반으로 한 가장 오래되고 큰 규모의 프로그램 중 하나다. 나는 책임 프로듀서이자 아이디어 전략가로서 영감을 주는 강연자들의 수많은 지원서를 검토한다. 지원서 양식 첫머리에는 이런 주문이 있다.

"당신의 아이디어를 140글자 이하의 한 문장으로 설명해 보세요."

안타깝지만 지원자 대부분은 이 벽을 넘지 못하고 바로 이 지점에서 꿈을 접는다. 그들은 프로그램 관리자들이 더 검토하고 싶어 할 만하게 아이디어를 설명하지 못한다. 지원서 수백 장 중에 한두 개만 그 기준을 통과한다.

한번 생각해보자. 지원자들 모두 높은 성취를 이룩한 학자나 과학자, 유명인들이다. 그들은 자신의 평생 연구의 결과물을 나누고 싶어 한다. 전문성에 관한 한 어느 누구도 그들보다 더 많이 알지 못한다. 심지어 해답도 갖고 있다. 하지만 그들은 그것을 제대로 설명하지 못한다. 적어도 고객 다수가 이해할 수 있는 방식으로는 말이다. 지원서를 검토할 때, 나와 동료들은 종종 강연자의 아이디어가 무엇인지 감도 못 잡는다! 우리가 왜 그 아이디어에 관심을 기울여야 하는지조차 알 수 없다.

비즈니스 세상에서도 같은 현상을 계속 목격했다. 나는 25년 동안 브랜드와 메시지 전략 분야에서 다양한 조직과 함께 일했다. 영리 기업은 물론, 비영리단체 그리고 스타트업과 포춘 500대 기업까지도. 또한, 내 개인적인 고객들과 함께 목격하기도 했다.

중요한 아이디어는 창조자의 머릿속에서 빠져나오지 못했다. 고객에게 설명해야 하는 순간, 아이디어는 잡혀서 죽어버리고 말았다. 왜 그랬을까? 비록 훌륭하게 보였어도, 아이디어라고 하기에는 충분하지 않았기 때문이다. 새롭고 더 나은 방식으로 괴물을 죽이는 방법이라고 하기엔 충분

아이디어가 팔리는 순간

하지 못했다. 그보다 더 많은 뭔가가 필요했다.

우리는 사람들에게 미로를 헤쳐나가는 방법을 보여줘야 한다. 테세우스가 빨간 실을 이용해 미로 정원을 빠져나갔던 것처럼 말이다. 그래야만 우리는 그들을 움직이게 만들 수 있다. 이것이 우리 아이디어(그리고 우리가 바라고 꿈꾸는 모든 것)가 살아남는 유일한 길이다.

"그래, 당신 아이디어가 대체 무슨 뜻입니까?"

당신은 '나는 다르다'고 생각할지 모른다. 내 아이디어는 너무나 분명해서 사람들은 즉각적으로 그 탁월함을 인정하리라고 믿는다. 정말 그럴지도 모른다. 그렇다면 한번 도전해보자. 당신의 아이디어를 "TEDx 테스트"에 집어 넣어보자. 필기구를 준비하자.

어떻게든 당신이 행동하게 만들어야 하는 사람이 곁에 있다고 상상해보자. 그 사람은 잠재 고객일 수도, 투자자일 수도 혹은 원고를 투고할 출판사일 수도 있다. 그들은 당신의 아이디어에 대해 아무것도 모른다. 그들은 이런 질문을 던진다.

"그래, 당신 아이디어는 대체 무슨 뜻인가요?"

→ 해보자: 이 질문에 대한 답을 적어보고, 소리 내서 읽어보자.

단지 머릿속으로만 아이디어를 생각하지는 말라. 지금 당장 적어보자. (기다려주겠다.)

좋다, 다 됐는가?

이제 자신이 쓴 것을 보면서 다음 질문에 답해보자.

‣ 한 문장인가?

‣ 140자 이하인가?

‣ 당신의 아이디어에 대해 전혀 모르는 사람도 쉽게 이해할 수 있는 용어만 사용했는가?

‣ 고객이 원하는 내용을 포함했는가? (고객은 거기에 동의할까?)

‣ 고객이 예전에 듣지 못한 내용을 담고 있는가?

당신의 아이디어가 분명한지, 충분히 의미가 있는지 그리고 더 많이 배우려는 사람이 관심을 기울일 만큼 탁월한

아이디어가 팔리는 순간

지 알고 싶다면, 이러한 질문을 던져봐야 한다. 그리고 그 아이디어에 기회를 주려면, 각각의 질문에 "그렇다"는 답변을 얻어내야 한다. 하나라도 "아니오"라고 답했다면, 당신의 고객이 그 아이디어를 둘러싼 미로 속에서 길을 잃을 가능성이 매우 높다는 의미다. 그들은 고개를 끄덕이긴 하지만 그 아이디어에 따라 행동하지는 않을 것이다.

실망하지는 말자. 이 책을 끝까지 읽는다면, 고객을 휘어 잡는 간결하고, 설득력 있는 문장을 만들 수 있을 테니까. 나는 그것을 '빨간 실 직결선 Red Thread Throughline'이라고 부른다.

전문가의 시각이 아닌,
미로를 헤매는 사람의 관점으로

나쁜 소식도 있다. 하버드 비즈니스 스쿨 교수 제럴드 잘트 먼 Gerald Zaltman에 따르면, 의사결정의 95퍼센트는 무의식적으로 일어난다.[3] 즉, 스스로 인식하지 못한 "어둠 속에서" 의사결정이 이뤄진다는 것이다. 우리 아이디어도 마찬가지다. 새로운 아이디어나 혁신을 찾고 있을 때조차, 자신이 그것을 어떻게 생각하는지 인식하지 못한다. 우리 두뇌는 다만 이런 메시지를 전할 뿐이다. "그래, 바로 그거야!" 혹은 "아냐, 다시 해봐."

이유는 이렇다. 우리가 문제를 해결하고, 목표를 달성하고, 오랜 질문에 대한 새로운 답을 발견하려고 애쓸 때, 비록 우리에게 보이지는 않지만 두뇌는 미로를 헤쳐나가는 중이기 때문이다. 해결되지 않은 문제 위에서 우리의 마음이 계속 떠돌 때 혹은 대답이 명확하게 그려지지 않을 때, 우리는 이를 느낀다. 그러다가 전구가 갑작스럽게 켜질 때 그토록 놀랍게 보이는 것이다.

우리는 그 해답이 옳다는 것을 알아채지만, 어떻게 거기에 도달한 것일까? 그 여정을 이해하는 것은 대단히 중요하다. 사람들이 우리 아이디어에 대해 알고 싶어 하는 부분이 바로 그 지점이다. "어떻게 거기에 도달했을까?"

우리가 이미 미로를 헤치고 나간 상태에서 그 질문에 답하려고 하니 문제가 생긴다. 사실 미로의 상당 부분은 눈에 보이지 않기 때문에, 사람들 대부분 애초에 자신이 미로 속에 있다는 사실조차 모른다. 그토록 많은 아이디어가 실패하고 사장되는 이유가 여기에 있다. 우리는 사람들에게 '현장에서 괴물을 죽이는 방법'에 대해 생동감 있게 말하려고 하지만, 사실 이미 미로를 성공적으로 헤치고 나간 다음에 그들에게 '정리된' 이야기를 하는 셈이다. 그저 전문가의 관점에서 말이다.

안타깝게도 전문가의 관점은 득보다는 저주에 가깝다. 이 말은 단지 은유가 아니다. 경제학자와 심리학자들은 "지식의 저주"라는 용어를 만들면서 "일단 뭔가를 알게 되면, 그것을 모르는 것이 어떤 것인지 떠올리지 못한다"라고 했다.[4]

고객은 당신이 무엇을 아는지 모른다. 그들은 당신이 문제를 해결했고 그 해결책이 훌륭하다는 말도 전해 듣지만, 스스로 그러한 사실을 발견하는 것과는 큰 괴리가 있다. 특히 그 정보가 새로운 것일 때는 더욱 그렇다. 수학자 블레즈 파스칼은 이런 말을 남겼다. "사람들은 일반적으로 남에게서 들은 근거가 아니라 스스로 생각해낸 근거가 있을 때 더 잘 설득된다."[5] 그들이 원하는 것은 단지 정답이 아니다. 사람들은 '그들 자신의' 답을 원한다. 그들은 당신의 아이디어에 이르는 길을 스스로 찾아내려고 한다. 그들을 정확하게 목적지에 도달하게 하는 것, 그것이 빨간 실의 역할이다.

스타트업 고객 중 한 곳인 솔스티스Solstice와 그들의 고객 캘리포니아 커뮤니티를 생각해보자. 솔스티스는 태양광발전 시장에서 영업 중이다. 개인이 태양광 패널 및 설비를 개별 설치할 필요 없이 공동체 주민에게 태양광발전 혜택(낮은 전기료와 친환경)을 제공하는 사업을 한다. 처음에 솔스티스의 고객은 이렇게 물었다. "이 시스템이 전기료 절약에 어떻게 도움이 되죠?" 태양광발전은 꽤 괜찮은 약속("저렴한 전기료를 위험 없이 제공한다")을 하지만 혜택을 제공하는 방식이 지나치게 복잡해 보여, 사실처럼 보이지 않는다는 것이다.

우리는 '카풀'이라는 간단하고 익숙한 비유를 제시함으로써 솔스티스의 잠재 고객들이 공동 태양광발전의 작동 방식을 이해하도록 도움을 줬다. 수가 많으면 돈을 절약하기에 유리하다는 개념이다. 많은 사람이 태양열 자원을 공유할수록 더 낮은 비용으로 혜택을 얻을 수 있다. 이러한 접근 방식으로 솔스티스의 잠재 고객들은 그들의 질문("어떻게 전기료 절약에 도움이 될까?")을 스스로 이해되는 대답("이웃과 '카풀'하면 태양 에너지 비용을 절약할 수 있다")으로 연결 지을 수 있었다. 한 마디로 '태양열 카풀'이었다.

아이디어가 팔리는 순간

남에게 자기 아이디어를 설득하다 보면, 특히 기존의 생각이나 행동을 포기해야 할 때, 종종 거대한 '긍정'이 필요하다. 바로 이때 빨간 실이 등장한다. 당신의 아이디어에 우격다짐으로 '예'를 하라고 하는 대신, 그들에게 따라가야 할 지도를 건네주는 일이다.

우리 뇌가 진실을 이해하는 방식

이 지점에서 나쁜 소식이 있다. "잠깐, 내가 헤쳐온 미로를 사람들에게 지도로 보여줘야 하는데 통 기억이 나지 않는다면?"

언제나 미로를 빠져나올 수 있게 하는 방법을 소개하겠다. 우리는 두뇌가 새로운 정보를 어떤 식으로 받아들이는지 안다. 그리고 그렇게 발견한 것을 두뇌가 어떻게 처리하는지도 마찬가지다.

그것은 바로 이야기를 통해서다.

이야기는 미로를 헤쳐나가게 하는 지도인 것이다.

새로운 정보를 만나면 두뇌는 이것을 하나의 이야기로 처리한다. 먼저 등장인물을 확인하고, 그들에게 동기를 부여한다. 세상에 대해 이미 알고 있는 정보를 바탕으로 결과를 예측한다. 새 정보가 "옛날 옛적에"로 시작하는 흔한 이야기 형태가 아니더라도 우리 두뇌는 그렇게 처리한다. 두뇌는 이야기의 빈칸을 채움으로써 세상을 이해한다.

"왜 이렇게 좋은 일이 내게 일어났을까? 그건 열심히 노력했기 때문이야!"(나는 주인공이다!)

"왜 이렇게 나쁜 일이 일어났을까? 그건 그 사람이 내게 원한을 품었기 때문이야!"(그는 악당이다!)

두뇌에 관한 이러한 사실을 알고 있는 우리는, 예전에 없었던 기회를 누릴 수 있다. 즉, 고객이 우리의 답에 만족했는지를 가늠할 수 있음은 물론, 그들이 요구하는 질문("당신의 아이디어는 무엇인가요?", "내가 왜 거기에 관심을 가져야 하죠?" 같은)에도 확실하게 답할 수 있다.

그럼 고객은 어떤 것을 묻는가? 유아와 아동에서[6] 성인에 이르기까지 두뇌 연구를 통해 우리가 동일 유형의 개념에 주의를 기울이고, 학습하고, 기억한다는 사실을 알 수 있다.[7] 구체적으로 말해, 우리는 사람(배역), 일(행동), 이유(동기) 그리고 결과(영향력)에 관심을 기울인다. 그리고 이러한 요소는 이야기를 구성하는 중요한 요소이기도 하다! 우리 두뇌는 "스스로 이해되는 이야기"를 구성하도록 돕는 질문을 던지도록 설계되어 있다.

이제 단계별로 소개할 단순한 이야기 구조는 고객의 모든 질문(의식적이든 무의식적이든)에 답하고 자신만의 빨간 실을 만들도록 도움을 줄 것이다.

이야기 구조 단순화하기

이야기 창작법은 다양하다. "이야기 짓는 법"이라고 검색하면, 끝도 없는 결과가 나온다(하지만 대부분 써먹을 데가 없다). 가장 단순한 대답 중 하나는 이야기가 "시작과 중간 그리고 끝"으로 구성된다고 설명한다. 하지만 딱히 도움은 안 된다. 이야기가 어떻게 구성되어 있는지 안다고 해서 매력적인 이야기를 만들어낼 수 있는 것은 아니다. 실 한 가닥도 마찬가지다.[8]

또한, '영웅의 여정'이란 말도 들어봤을 것이다. 대부분 문화와 시대에서 역사를 통해 계속 발견되는 패턴이기도 하다. 비록 익숙하고 강력하기는 하지만, 영웅의 여정이 '모

든' 이야기의 기반이 될 수는 없으며, 그 적용 범위도 제한
적이다. 우리 뇌는 그런 이야기를 반기지만, 자동적으로 만
들어낼 수 있는 이야기는 아닌 것이다. 뇌는 그보다 단순한
이야기를 좋아한다.

이러한 유형의 이야기 창작법을 알아내고자, 나는 이야
기와 스토리텔링의 모든 영역, 즉 픽션과 논픽션, 시나리오
와 희극, 대중 연설과 프레젠테이션, 마케팅과 세일즈 메시
지, 신경과학, 학습 이론, 행동경제학 등을 두루 살펴보았고
거기에서 답을 찾고자 했다. 내 아이디어는 물론, TEDx 강
연자와 고객 아이디어 수십 개를 모아 시험해봤다.

나의 목표는 다음과 같은 이야기를 창작하는 가장 쉽고
도 분명한 방법을 발견하는 일이었다.

▸ 바쁜 사람들이 배우고, 기억하고, 적용할 수 있도록 충분히 쉬울 것
▸ 다양하게 활용할 수 있도록 충분히 유연할 것
▸ 이야기의 가장 중요한 부분과 장점을 다 담을 것

하지만 그런 방법을 발견하지 못했다.

그래서 내가 만들기로 했다.

아이디어가 팔리는 순간

훌륭한 이야기에 담긴 공통 요소들을 추적해가면서 내가 해온 연구와 조합했고, 겹치는 부분이 있음을 알았다. 내 경험에 비춰볼 때, 빨간 실은 그것을 한 세트로 조합하는 가장 단순한 방법이다.

수백 명의 고객(그리고 온라인을 통한 수백만 명의 고객)과 함께 내 접근 방식을 실험한 뒤, 나는 이야기를 구성하는 핵심 요소를 다음 순서에 따라 다섯 가지로 단순화했다.

- ▸ ① 목표 세우기: 누가 무엇을 원하는지 확인하기
- ▸ ② (사람들이 인식하지 못하는) 문제 제시하기: 이를 통해 갈등과 긴장이 생기는데, 이는 모든 행동의 원동력이 된다.
- ▸ ③ (행동할 수밖에 없도록 만드는) 진실 발견하기: 행동을 취하지 않으면 목표가 위험에 처하는 진실 확인하기(이야기 속에서는 종종 "진실의 순간", "중심점" 혹은 "절정"으로 언급)
- ▸ ④ 변화 결심하기: 이는 진실의 결과로 일어나는 일이며, 해피엔딩을 결정한다.
- ▸ ⑤ 행동으로 전환하기: 목표를 현실로 만드는 데 필요한 일 하기

목표. 문제. 진실. 변화. 행동.

자기 아이디어를 행동으로 전환하려면 다른 누군가의 가르침이 아니라 '당신'이 그것을 발견한 다음, 고객에게 선사해야 한다.

이제 최고의 소식을 전할 시간이다.

당신이 떠올린 아이디어에 대해 당신은 이미 답을 알고 있다. 이야기를 추구하는 과정에서 당신의 두뇌는 자기 아이디어에 이미 질문을 던지고 대답했기 때문이다. 아이디어는 두뇌가 거기에 도달하기 위해 만들어낸 이야기의 결과물일 뿐.

이처럼 모든 아이디어에는 이야기가 있다. 모든 아이디어가 이야기의 산물이기 때문이다. 그게 빨간 실이다. 이제 당신의 빨간 실을 발견할 시간이다.

미로를 헤쳐나가는 방법

자신의 '빨간 실'을 발견하기 위해

☐ "당신의 아이디어는 무엇인가"라는 질문에 답을 쓰고 큰 소리로 읽어보았는가? (대답을 잘 간직하자. 나중에 쓸모가 있다)

아이디어가 팔리는 순간

2장

◆

레이저 메시지 작성법

목표: 사람들이 자기에게 들려줄 변화의 이야기를 만들게 하자
(그래서 아이디어가 행동이 되고, 나아가 세상도 달라지게 하자).

문제: 아이디어는 이야기다. 하지만 그 이야기를 듣는 대상에 따라 흐름이 완전히 달라진다. 하나의 아이디어를 다양한 방식으로 이야기할 수 있다.

진실: 다른 결과를 만들어내려면 하나의 아이디어에 서로 다른 메시지를 입혀야 한다.

변화: 상황에 따라 적합한 이야기를 만들자.

행동: 아이디어에 대한 적용 분야와 결과를 정하고, 고객을 나만의 언어로 정의하자.

음악이
바뀌면
춤도
바뀐다
—

메시지란 아이디어에 옷을 입히는 일

행동을 이끌어내려면, 사람들이 당신의 아이디어로 자기 자신에게 들려주는 이야기를 만들 수 있어야 한다. 아이디어는 곧 이야기이기 때문이다. 우리 두뇌는 처음부터 아이디어와 관련해 이야기를 만든다.

한 가지 아이디어가 있다고 해도, 거기서 파생될 수 있는 이야기와 메시지는 다양하다. 애거서 크리스티는 이렇게 썼다. "말은 … 생각의 겉옷일 뿐이다."

안타깝게도 말은 우리의 머릿속에 있는 크고 아름다운 아이디어를 제대로 대변하지 못한다. 아무리 신중하게 선택했더라도, 말은 아이디어의 존재와 기능 그리고 가능성을 완벽하게 담아내지는 못한다.

이 지점에서 '메시지'가 등장한다. 메시지란 특정한 결과를 얻기 위해 자기 아이디어에 관해 고객에게 하는 말이다.

나는 종종 고객들에게 자신의 직업을 아이디어로 생각하고 표현해보라고 말한다. 당신이 동료 전문가에게 말하는 중이라면 아마도 전문 용어와 업계 특유의 표현을 사용할 수도 있을 것이다. 다음으로 여섯 살 꼬마(고객)와 이야기하고 있다고 해보자. 아이는 당신의 직업이 무엇인지 호기심에서 물었다(여기서 목표는 "이해"하게 하는 것이다). 이러한 상황에서 당신은 아마도 훨씬 간단한 용어와 개념을 사용할 것이다. 대상이 다른 두 메시지는 아주 다를 것이다. 그럼에도 아이디어(당신의 직업)는 변하지 않는다.

메시지란 "보이지 않는 사람"(아이디어)에게 입혀준 옷과 같다. 그리고 이 옷은 고객이 누구인지 그리고 어떤 결과를 추구하는지에 따라 달라진다. 다른 결과를 만들어내려면, 하나의 아이디어에 서로 다른 메시지를 입혀야 한다. 운동하러 갈 때와 친구들과의 저녁 약속에 나갈 때 입는 옷이 다른 것과 같은 이치다. 또한, 고객이 바뀔 때마다 혹은 같은 고객이라도 행동 수준이 달라질 때마다, 다른 형태의 메시지가 필요하다. 즉, 고객의 마음속에 떠오른 새로운 질문에 올바른 답을 할 수 있는 메시지가 필요하다.

그렇게 특정한 결과와 고객을 위해 자기 아이디어에 적합한 메시지를 만드는 과정에서 좋은 일이 일어난다. 즉, 당신의 '빨간 실'을 발견할 가능성이 높아지는 것이다.

이를 위한 가장 쉬운 방법은? 먼저 메시지를 어디서, 어떻게 적용할 것인지를 결정해야 한다.

　　　　　　　　　아이디어가 팔리는 순간

단계 1: 메시지 적용 분야 정하기

매사추세츠주 케임브리지에 기반을 둔 생명공학/생체기술 스타트업 어슈어는 환자들이 약물을 복용하고 있는지 의사들에게 알려주는 간단한 테스트를 진행한다. 신생기업인 어슈어의 설립자들은 기업이 가진 아이디어를 설명할 준비가 항상 되어 있어야 하며, 비즈니스에는 여전히 위험 요소가 많다. 그들은 잠재적인 투자자나 이해관계자들이 들여다볼 수 있도록 웹사이트를 열어두었다. 그리고 의사와 환자 대상으로 자료를 보낸다. 가능성 있는 파트너와 첫 대화를 어떻게 이끌어가는지가 '빨간 실' 작업에 있어 핵심이 될 것으로 보았다. 이를 위해, 여러 형태로 접근할 수 있다.

마케팅 메시지와 자료

▸ 홈페이지 문구

▸ 회사 소개 페이지

▸ 소셜미디어 게시 글

▸ 포지셔닝 문장

▸ 마케팅 메시지

전략적인 세일즈 대화

‣ 초기 회의 및 방문

‣ 의사결정자나 기술 관리자와의 대화, 프레젠테이션

‣ 제안서 요약본

‣ 세일즈 프레젠테이션

연설과 프레젠테이션

‣ 최초 "회사 소개" 프레젠테이션

‣ 투자자 대상 연설

‣ 심화 참여 시간

‣ 다양한 워크숍

‣ 지원이 필요한 내부 논의

투자 및 후원 요청

‣ 자금조달 요청을 위한 슬라이드 자료

‣ 사례 소개

‣ 첫 번째 대화

‣ 질문

아이디어가 팔리는 순간

단행본

▸   기획서 및 논의 요약

▸   주요 소개 문구

간단히 살펴더라도 무척 많다! 여기서 중요한 것은 주요
활용 분야를 선택하는 일이다. 처음부터 한 가지 분야에 집
중한다면, 더 쉽게 '빨간 실'을 발견할 수 있다.

→ **해보자:** '빨간 실'을 활용할 잠재적인 분야에 대해 브레인스토
밍을 해보자. 가장 먼저 시도해볼 활동을 정하라.

자신이 무엇을 만들고 있는지 이해했다면, 다음 단계로
넘어가보자.

단계 2: 메시지로 얻어낼 결과 선명하게 그리기

메시지란, 자기 아이디어와 관련해 고객에게 어떤 이야기
를 들려주고 특정한 '결과'를 얻는 것이다. 그러한 메시지를

시각화하는 방법을 생각해보자. 먼저 자기 아이디어로 무엇을 하길 원하는지 결정한다. 자신의 메시지가 성공을 거뒀는지 확인하는 유일한 기준이다. 그리고 자신이 바라는 '행동'을 이끌어냈는지를 점검한다. 즉, 자신과 고객을 위해 메시지를 통해 이끌어내고 싶었던 행동이 바로 '결과'다.

어슈어는 우리와 함께하는 과정에서 활용 분야를 하나 선택했다. 바로, 가능성 있는 제휴업체와 "첫 미팅을 성공적으로 마치는 것"이었다. 결과는 "제품의 데모나 실행 동의"까지 이끌어내는 것으로 정했다. 그들은 적용점과 결과를 분명히 정의함으로써 자신의 메시지로 무엇을 성취할 것인지 이해했고, 또한 그 성공 여부까지 평가할 수 있었다.

→ **해보자:** 자신의 메시지를 통해 고객에게 이끌어내려는 결과를 적어보자. (구매, 채용, 회의 수락, 지원 등등)

고객에 대한 정의는 다음 단계에서 한다. 메시지를 준비하는 사람들은 자기가 이야기하는 대상보다 원하는 결과를 더 잘 이해한다. 따라서 일반적으로 '결과 인식'을 시작점으로 정하는 것이 좋다. 물론 고객으로 시작하기가 더 쉬울 때

아이디어가 팔리는 순간

도 있다. 어느 쪽이든 좋다. 적절하다고 느낀다면, 단계 3을
먼저 해보는 방법도 있다.

단계 3: 메시지 청자 좁히기

한 가지 주의점이 있다. 여기서 '고객'이란 그저 "많은 사람"
이 아니다. 타깃을 분명히 하라.

▸ 자기에게 문제가 있음을 아는 사람
▸ 적극적으로 질문을 던지는 사람

당신은 가능한 한 많은 사람에게 아이디어를 전달하고
싶을 것이다. 빌 슬라이 Bill Schley는 "의사소통의 일반적인 역
설"[9]을 이야기하면서 "더 집중할수록 더 멀리 나아간다"라
고 강조했다.

66

더
집중할수록
더 멀리
나아간다
—

주파수가 맞아야 소리가 들린다

그 이유는 간단하다. 명료함 때문이다. 소규모 고객이나 한 사람에게 메시지를 집중할 때, 우리는 무엇을 어떻게 말해야 할지 더 분명하게 정리할 수 있다. 좋아하는 프로그램을 들으려고 라디오 주파수를 맞춰본 적이 있을 것이다. 찾던 방송국의 주파수 영역을 벗어났다가 되돌아갔을 때 잡음과 소리 파편도 들리고, 무슨 말인지 알 듯 모를 듯했을 것이다. 그리 유쾌한 경험은 아니었다. 특히 아주 작은 다이얼로 주파수를 맞추고 있었다면 말이다. 그런 때는 조금만 다이얼을 움직여도 아무것도 들리지 않는다. 그 간발의 차이로 달콤한 요트록(1970년대 후반에서 1980년대 초반에 유행했던 부드러운 멜로디의 록 음악—옮긴이)과 잡음 사이를 오간다(물론 모두가 요트록을 좋아하는 것은 아니지만).

그러다 어느 순간 '짠' 하고 음악이 나온다. 크고 분명하게. 우리가 음악을 들을 수 있는 것은 방송국이 오직 한 주파수에 집중하기 때문이다. 음악이 들리면, 우리는 그 주파수와 연결된 것이다.

마찬가지로 우리는 특정 분야에 집중해야 한다. 그리고

이러한 집중을 통해 메시지 도달 범위를 넓힐 수 있다. 처음부터 범위를 넓혀, 동시에 다양한 고객에게 전달하려고 하면, 메시지는 힘을 잃는다. 사람들은 당신의 메시지에 주파수를 맞췄다가도 잡음만 들린다면 다른 곳으로 떠날 것이다.

기억하자. 메시지는 오직 '한' 고객을 위해, '하나'의 결과를 내도록 아이디어를 구성하는 것을 말한다. 그러므로 전달 범위를 확대하려면, 먼저 고객에 집중해야 한다.

대상에 이름표를 붙여라

고객을 제대로 정의하려면 우선 그 범주를 확인해야 한다. 그들이 누구이며, 어떤 이름표를 붙일 수 있을지 확인한다. 이런 식이다.

- ‣ 의사결정자
- ‣ 기업 소유주
- ‣ 투자자

아이디어가 팔리는 순간

- 부모
- 게임 플레이어

이렇게 다소 느슨한 형태로 정의할 수도 있고, 여기에 몇 몇 기준을 추가해 구체적으로 정의할 수도 있다. 가령 "영업사원" 대신에 "성공적인 세일즈 리더"라고 하면 영업사원 관리자를 뜻한다. 어슈어에게는 여러 고객이 있다. 즉, 제품을 시험하고 보급하는 사람들, 투자자들 그리고 의료 기관 등 상대해야 할 이들이 많다. 의사들이 자기 제품을 시험해보고 채택하도록 만들어야 한다. 어슈어는 빨간 실의 활용 분야로 "첫 미팅"을 선택했다. 그리고 "제품 데모와 시험에 동의하게 하는 것"을 결과로 삼았다. 이를 바탕으로 어슈어는 "의료기관 내 잠재 파트너"를 자신의 주요 고객으로 선택했다.

자신의 메시지가 대상으로 삼는 '구체적인' 사람을 그려보는 것도 도움이 된다. 실제 인물이나 대표성을 띤 누군가도 괜찮다. 내 고객들은 종종 자신의 이상적인 고객에 '이름'을 붙이기도 한다. 때로는 젊은 시절의 자신을 고객으로 삼을 수도 있다. 답을 찾아 헤매던 막막했던 시절의 자신을 떠올리며 메시지를 정교화하는 것이다.

자신이 생각하는 이상적인 고객에게 "숀드라"라는 이름을 붙인 고객도 있었다. 자신의 메시지에서 가장 많은 도움을 받을 것 같은 어떤 친구가 생각났던 것이다.

→ **해보자:** 자신의 메시지가 누구를 위한 것인지 적어보자. 간단하면서도 구체적으로 적자("되도록 많은 사람들"이라고 하지 말자). 구체적인 인물이나 인물 유형을 떠올려보고 거기에 이름도 붙여보자.

때로는 눈앞의 고객에게 다른 사람 이야기를 할 때도 있다. 예를 들어 어슈어는 제품 이야기를 할 때, 다른 의사나 환자들에게 어떤 도움을 주는지 설명해야 한다.

나는 비영리기업에서 15년간 일했는데, 거기서도 마찬가지였다. 그들은 자금 후원자나 구성원들에게 지원을 요청해야 할 때가 있다. 당신 역시 이런 상황일지도 모른다. 예를 들어 상사와 동료 혹은 팀원과 협력해야 할 때나, 업무 추진 과정에서 다른 관문을 통과해야 할 때처럼 말이다.

이러한 두 부류에 "최종 고객", "행동 고객"으로 이름 붙여보라. 최종 고객은 당신의 아이디어(혹은 제품이나 서비스)로 최종적으로 도움을 얻을 사람들이다. 그리고 행동 고객은 최종 고객에게 도움을 주기 위해 행동(협조)을 이끌어내야 할 대상이다. 어슈어가 잠재 파트너(행동 고객)에게 그들의 제품을 어필하려면 의사들(최종 고객)이 왜 그 제품을 원하는지, 그들이 어떤 도움을 입었다고 하는지를 설명해야 한다. 반면 어슈어가 의사들과 이야기한다면, 의사는 행동 고객이 되고 환자는 최종 고객이 된다. 우리가 만들어야 할 첫 메시지는 '최종 고객'에 대한 것이다.

미로를 헤쳐나가는 방법

'빨간 실' 메시지 구성을 위해

☐   '빨간 실'의 활용 분야 한 곳을 정하고, 거기에 집중했는가?

☐   '빨간 실'을 통해 추구하는 결과를 적었는가?

☐   메시지를 전달할 단일 고객을 최대한 구체적으로 정의했는가?

2부

빨간 실의
구성 요소

3장

◆

고객의 언어로 쓴 당신의 해결책

목표: 사람들이 자기에게 들려줄 변화의 이야기를 만들게 하자 (그래서 아이디어가 행동이 되고, 나아가 세상도 달라지게 하자).

문제: 이야기가 효과를 발휘하려면, 당신의 목표가 아니라 고객의 목표를 성취할 수 있어야 한다.

진실: 아이디어는 당신만의 답이다. 즉, 고객이 던진 질문에 대한 당신만의 방법이다.

변화: 고객의 질문을 발견하고 이를 당신의 해답으로 연결하자.

행동: 빨간 실의 목표 문장을 작성하자.

열린 문은
성자의 마음도
흔들리게
한다

—

고객이 던지는 핵심 질문을 확인하라

메시지에서 '목표 문장goal statement'은 고객이 던지는 핵심 질문에 대한 대답을 의미한다. 목표 문장은 다음과 같은 형태를 취한다.

> 우리는 _____를 원한다.

내가 함께 일했던 고객들은 이렇게 활용했다.

▸ 환자들이 중요한 약물을 더 오래 투여하기를…

▸ 의사결정에 따른 위험을 낮출 방법을 알기를…

▸ 임무를 효과적으로 수행할 방법을 찾기를…

▸ 무대 위와 카메라 앞에서 편안하게 자신을 드러내기를…

▸ 밀레니얼 세대 직원들이 즐겁게 일할 방법을 찾기를…

▸ 두려움을 이겨낼 방법을 찾기를…

▸ 사람들이 잠재력을 실현하도록 만들기를…

여기에 사례 하나를 소개한다. "서로에게 헌신하겠다는

약속을 상징적으로 만드는 최상의 방법"을 고민하던 이들
이 있었다. 1930년대 초로 가보자.

드비어스De Beers는 전 세계 다이아몬드 시장을 독점하고
있었다(지금도 마찬가지다). 사실 다이아몬드의 '내적 가치'는
그리 높지 않다. 다이아몬드의 시장 가치(그리고 매장에서 우
리가 지불하는 프리미엄)는 두 가지 이유로 결정된다. 첫째, 드
비어스는 세계적인 독점 기업으로 (채굴된) 다이아몬드 수
를 시장에서 통제할 수 있다. 공급을 제한해 가격을 끌어올
릴 수도 있다. 20세기 초 드비어스는 다이아몬드에 대한 수
요를 최고로 끌어올렸으나, 이후에는 새로운 고객에 주목
하기 시작했다. 바로 소매시장에 눈을 뜬 것이다.

하지만 1930년대에 사람들은 다이아몬드에 큰 관심이 없
었다. 결혼반지에는 다양한 보석이 사용되었기 때문이다.
다이아몬드를 결혼반지에 사용한 역사는 15세기로 거슬러
올라가지만, 20세기 전반에도 다이아몬드는 보석업자가 사
용하는 다양한 보석 중 하나에 불과했다. 실제로 일반적인
약혼 커플은 다이아몬드만 고집하지는 않았다. 서로에 대
한 약속을 상징하는 물건으로, 그저 반지 자체에만 주목했
기 때문이다.

드비어스는 알고 싶었다. 어떻게 하면 많은 사람의 관심을 반지 자체에서 반지의 '종류'로 옮길 수 있을까? 예전에는 부자들만 구입했던 다이아몬드를 일반인도 즐겨 찾는 물건으로 만들 수 있을까? 이를 위해 드비어스는 다이아몬드를 하나의 상징으로 만들기로 했다. 이를 위해 네 단어로 한 문장을 구성했다.

"A diamond is forever"(다이아몬드는 영원하다).

드비어스가 1947년에 내놓은 광고 문구였다. 그들은 이 네 단어로 사람들의 마음속에 새로운 스토리를 각인시켰다. "약속을 상징하는 최고의 물건은 다이아몬드 반지다."

책 전반을 통해 이 사례를 계속 언급하겠지만, 모든 위대한 이야기가 그렇듯 드비어스가 그들의 고객이 원하는 것을 깨달았을 때 이 거대한 움직임이 시작되었음에 주목하자. 드비어스는 더 많은 다이아몬드를 팔고자 했다. 이것이 그들이 원하는 결과였다. 그리고 약혼한 커플은 그들의 약속을 가장 잘 상징할 만한 물건을 원했다. 그것이 커플의 목표였다.

누군가가 무엇을 원하는지 분명히 알 때, 우리는 이야기가 어디에서 출발하는지 비로소 이해한다.

그렇다. 드비어스의 이야기는 여기서 시작되었다.

목표 문장의 기준

1. 목표 문장은 고객이 성취하기 원하는 목표, 그들이 해결하려는 문제 혹은 그들이 충족하길 원하는 욕망을 표현해야 한다.

2. 당신의 언어가 아니라 고객의 언어여야 한다. 그들이 사용하지 않는 전문 용어나 특수 표현은 사용하지 말라.

목표 문장 작성법

결과를 마음속에 품고, 우리는 자기 메시지가 어떤 역할을 하며, 동시에 그 메시지로 고객이 무엇을 떠올리게 될지 알아야 한다. 고객이 원하는 뭔가를 얻도록 도움을 주고 나서야 이야기가 시작된다. 그렇다. 아이디어는 고객이 던지는 질문에 대한 대답이다. 그러므로 우리는 그들의 질문을 확인해야 하며, 이를 통해 자신의 해답과 고객의 질문을 연결 짓는다.

아이디어가 팔리는 순간

이제 우리는 고객의 질문을 이용해 '빨간 실'의 목표 문장을 작성해볼 것이다.

고객이 던지는 '잘못된' 질문을 찾아내라

고객의 질문(그들이 친구와 동료에게 묻는 가장 중요한 질문)을 확인하려면, 그들이 지금 당장 무엇을 적극 찾고 있는지 파악해야 한다. 그들이 해결책을 찾아나서도록 밀어붙이는 고통의 지점은 어디인가?

우리가 보기에 고객은(그리고 세상은) '잘못된' 질문을 던지고 있다. "모두가 x를 원한다고 생각하지만, 사람들이 진정 물어야 할 것은 y입니다." 우리가 주목해야 할 것은 첫 번째 '잘못된' 질문이다. ('올바른' 질문은 나중에 '빨간 실'에서 제 역할을 하니 조금만 기다려라.) 왜 '잘못된' 질문에 관심을 가져야 하는가? 고객이 지금 당장 그것을 원하기 때문이다.

고객의 질문을 확인하면서 목표 문장을 더욱 분명하고 간결하게 만들 수 있다. 게다가 고객의 언어로 목표 문장을 작성할 수 있다.

→ **해보자:** 고객이 지금 묻는 질문(설령 '잘못된' 질문이더라도)에

대해 브레인스토밍 시간을 갖자. 자기 아이디어를 통해 고객에게 그 질문에 대한 답을 제시하자. 한 걸음 나아가, 고객이 친구와 동료에게 이것을 묻도록 하자.

이쯤에서 당신은 궁금할 것이다. "사람들이 그렇게 질문한다는 것은 어떻게 확신하죠?" 세 가지에 달렸다. 바로 고객에 대한 사전 지식, 메시지 개발 기간 그리고 위험 감수 정도. 고객이 당장 무엇을 원하고 필요로 하는지에 대한 통찰은 때로 경험을 통해, 때로 공식적인 조사를 통해 나온다. 지식을 보강하려면 다음과 같은 방법을 사용해보자.

▸ 사람들은 어떤 검색어를 통해 당신의 웹사이트(유튜브)에 접속하는지 확인하자.
▸ 주제와 관련해 검색 시 어떤 질문이나 검색어가 자동 채우기 되는지 확인해보라. (질문의 핵심 용어나 앞부분을 입력하고, 검색 엔진이 무엇을 제안하는지 살펴보라.)
▸ 검색 사이트에 접속해, 특정 주제나 핵심 용어와 관련해 사람들이 가장 많이 던지는 질문이 무엇인지 확인해보자.
▸ 고객과 직접 접촉하는 직원과 이야기를 나누자(고객 서비스 담

당자나 영업사원 등). 사람들이 어떤 질문을 하는지 확인해보자.

▸ 처음으로 아이디어를 생각하기 시작했을 때, 어떤 질문을 던졌는지 떠올려보자. 그 시작점을 기억함으로써 메시지에 익숙하지 못한 사람들을 위한 논리적 출발점을 확인할 수 있다.

▸ 고객이나 소비자들의 초기 자료를 살펴보자. 그때 사람들은 무엇이 문제라고 말했던가? (자료에 그런 질문이 들어 있지 않다면 꼭 추가하자.)

고객의 질문이 분명하지 않다면, 좀 더 시간을 할애해 그들의 마음속을 들여다보자. 그들이 무엇을 원하고, 무엇을 중요하게 생각하고, 어떤 어려움을 겪는지를 들여다보자.

고객의 관점을 이해하는 데 필요한 3요소

이 세 가지를 이해한다면 그들의 관점을 분명하게 확인할 수 있다. 각각을 들여다보자.

'고객이 원하는 것'을 정의한다는 말은 그들이 추구하는 수준을 확인한다는 의미다. 이를 통해 우리는 고객의 구체적인 목표와 맥락을 이해하고, 동기를 발견한다. 그들이 다른 사람과 이야기할 때 편하게 사용하는 긍정적인 표현으로 정의해보자. 예를 들면 다음과 같은 것이다.

- ▸ 어떻게 수익성을 높일 수 있을까?
- ▸ 어떻게 공동체 참여를 유도하고 정보를 제공할 수 있을까?
- ▸ 어떻게 기업의 인지도를 끌어올릴 수 있을까?
- ▸ 어떻게 밀레니얼 세대 직원들을 조직에 붙잡아둘 수 있을까?
- ▸ 어떻게 매출을 늘릴 수 있을까?
- ▸ 어떻게 치료 성과를 개선할 수 있을까?

또한, 우리는 고객이 공유하는 '가치'를 확인해야 한다. 그 가치가 원하는 것과 동일하지는 않더라도, 거기에 문을 열어놓아야 한다. 사람들은 자신의 근본적인 가치와 맞지 않는 주장에는 선뜻 함께할 수 없기 때문이다(장기적으로는 더욱 그렇다).

예를 들어, 나의 고객 중에는 과학 연구에 사용하는 프리미엄 장비를 생산하는 업체가 있다. 그들의 고객은 '과학자들'이며, 이들은 자신의 연구를 통해 성공적인 결과를 얻고 그것을 발표할 수 있길 원한다. 따라서 고객은 '신뢰성'이라는 가치를 공유하고, 고객 제품에 프리미엄 가격을 지불한

아이디어가 팔리는 순간

다. 그들은 가격이 낮은 다른 장비를 선택할 수 있지만 연구 결과에 대한 신뢰성은 보장받지 못한다. 스스로 이런 부분을 말하지는 않지만, 그들이 쉽게 동의할 수 있는 것이어야 한다. 다음과 같은 것들이다.

▸ 혁신, 창조성, 새로운 시도

▸ 지속적인 개선, 자기계발, 호기심, 지속적인 학습

▸ 정확성, 신뢰성

▸ 재정적 책임

▸ 직접적인 의사소통의 힘

▸ 일과 삶의 균형, 사람 중심 경영방식

마지막으로는, 그들이 겪는 어려움이다. 이는 고객의 행동을 촉구하는 '고통의 지점'이다. 이러한 어려움은 때로 집중적인 소망의 형태로 드러난다. 이런 식이다. "이 병과 더불어 살아가면서 삶의 질을 개선하려면 구체적으로 어떤 단계를 밟아야 할까?", "회의석상에서 자기 목소리를 분명히 내려면 어떻게 해야 할까?" 때로는 소망과 가치 사이의 갈등이나 긴장에서 비롯되기도 한다. "직원들을 챙기면서 어떻게 생산성을 개선할 수 있을까?"소망과 마찬가지로, 다른 사람과 이야기하면서 일상적으로 나눌 수 있어야 한다. 다음은 몇몇 추가적인 사례다.

- 의사결정에서 위험을 낮추기 위해 빅데이터를 효과적으로 활용하는 방법은?
- 핵심 고객에 집중하면서 새 고객과 관계를 맺는 최고의 방법은 무엇일까?
- 무대 위와 카메라 앞에서 어떻게 더 편안해질 수 있을까?
- 어떤 인센티브로 밀레니얼 직원들의 관심을 높일 수 있을까?
- 두려움을 어떻게 다스려야 할까?
- 직원들이 잠재력을 발휘하도록 하려면 어떻게 해야 하나?
- 환자들이 꼭 필요한 치료를 더 오랫동안 받게 하려면 어떻게 해야 할까?

고객이 주로 쓰는 언어를 사용하면 특별한 노력 없이도 그들이 우리 메시지를 자신에게 의미 있는 것으로 받아들이게 할 수 있다. 고객이 메시지를 의미 있다고 인식할 때, 그들은 메시지에 그리고 우리에게 더 많은 관심을 기울일 것이다. 더 많은 관심은 행동을 향한 첫걸음이다.

세 가지 요소를 확인했다면, 다음과 같은 형태의 문장으로 요약해볼 수 있다.

이 메시지는

_____ 을 원하고,

_____ 을 중요하게 생각하고,

_____ 으로 어려움을 겪는

_____ 를 위한 것이다.

빈칸을 채워보면 목표 문장을 만들 수 있다. 몇 가지 예시를 들어보겠다.

이 메시지는 ……

▸ 환자의 결과를 개선하길 원하고, 혁신을 중요하게 생각하고, 환자가 중요한 치료를 더 오래 받을 수 있도록 하는 과정에서 어려움을 겪는 의료기관과 환자를 위한 것이다.

▸ 수익성 개선을 원하고, 정확성과 신뢰성을 중요하게 생각하지

만, 위험을 줄이기 위해 빅데이터를 효율적으로 활용하는 방법과 관련해 어려움을 겪는 비즈니스 의사결정자를 위한 것이다.

‣ 기업 인지도를 높이길 원하고, 직접적인 의사소통을 중요하게 생각하지만, 무대 위와 카메라 앞에서 느끼는 긴장감으로 어려움을 겪는 기업가를 위한 것이다.

‣ 밀레니얼 세대의 직원을 붙잡아두길 원하고, 사람을 우선시하는 경영 방식을 중요하게 생각하지만, 직원에게 어떤 인센티브를 제시해야 할지 선택하는 과정에서 어려움을 겪는 기업의 고위 인사를 위한 것이다.

‣ 자유를 원하는 직원에게 자유를 보장하고, 자율적인 개선을 더 중요하게 생각하지만, 관계가 깨질까 봐 두려워하여 쉽게 다가가지 못해 어려움을 겪는 목표 중심적인 리더를 위한 것이다.

‣ 매출을 끌어올리기를 원하고 다른 이의 성공을 자기 성공을 위한 기반으로 생각하지만, 팀원들이 잠재력을 실현하는 데 어려움을 겪는 현재와 미래의 세일즈 리더를 위한 것이다.

이를 활용해 고객의 질문을 보다 분명하게 만들어보자. 그들의 소망이나 어려움은 목표 문장의 핵심에 자리한다.

아이디어가 팔리는 순간

→ **해보자:** 고객의 소망과 가치, 어려움에 대해 브레인스토밍하자(지금은 쓸모없다고 해도 계속해 나가자. 나중에 다시 들여다볼 일이 생긴다).

위에 든 예시를 참고해, 고객의 구체적인 소망과 어려움을 포함한 목표 문장을 작성해보자.

작성하다 보면 세 요소의 경계가 불분명하다는 점을 발견할 것이다. 가령 어려움은 소망이 될 수 있고, 소망은 가치가 될 수 있다. 무엇이 어디에 속하는지 선택하는 일은 메시지를 명확하게 다듬는 과정에서 대단히 중요하다.

비스니스 욕구 수준에 따른 목표 문장 도출

최대한 많은 고객에게 적용할 목표 문장을 작성할 때, 보편적인 고객 욕구를 살펴보는 것이 도움이 된다. 심리학자 에이브러햄 매슬로Abraham Maslow의 욕구단계설은 많은 찬사와 함께 물론 비판도 받았지만, 적어도 다양한 유형의 욕구에는 무엇이 있는지 생각해보도록 한다.

매슬로의 욕구단계설은 일반적으로 삼각형이나 피라미드 모양이다. 맨 아래에는 생리적인 '생존'을 위한 욕구가 자리 잡고 있다. 음식, 물, 온기, 휴식 등에 대한 욕구가 이에 해당한다. 그 위로 '안전' 욕구가 있다. 안전한 자원과 고용, 건강, 가족 등에 대한 욕구다. 다음으로 사랑과 소속감에 대한 욕구가 있고, 그 위로 자신과 타인에 의한 '존경'의 욕구가 있다. 목적, 성취감, 창조성, 호감과 관련된 욕구는 피라미드 맨 꼭대기에 있는 '자아실현'이다. 이러한 보편적인 욕구는 본래 개인을 대상으로 한 것이다.

그런데 기업은 어떨까? 나는 매슬로 욕구단계설의 '비즈니스' 버전을 설계했다(그림 1). 이를 활용해 잠재적인 목표 문장을 생각해볼 수 있다. 피라미드 맨 아래에 있는 질문은 기업의 생존을 위한 필수 요소와 관련 있다. 여기서 나는 기본 제안(판매할 자산)과 수익 자본에 관한 질문을 구분했다.

▸ 살아남으려면 어떻게 돈을 벌어야 할까?

▸ 더 많은 고객을 확보하려면 어떻게 해야 할까?

▸ 더 많은 고객을 어떻게 발견할 수 있을까?

아이디어가 팔리는 순간

무엇을 원하는지
이해할 때
이야기가 어디서
시작되는지
알 수 있다
—

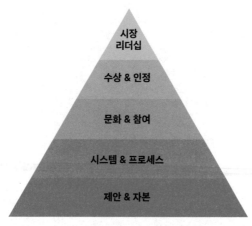

[그림 1] 비즈니스 욕구 단계

　이 비즈니스 피라미드에서 안전과 보안 질문은 종종 시스템과 프로세스에 관한 질문으로 모습을 드러낸다. 이 단계에서 종종 고객은 "고객을 붙잡아두려면 어떻게 해야 하죠?" 같은 질문을 한다. 이는 상위 단계의 질문이다. 그 이유는 생존 모드에서는 벗어나 있기 때문이다. 그들은 이미 고객과 안전한 기반을 확보하고 있다. 고객이 있어야 유지도 가능하기 때문이다.

　시스템과 프로세스에 관한 질문 위에는 문화와 직원 참여(사랑과 소속감에 해당하는)에 관한 질문이 등장하고, 다음으로 수상과 인정(존경) 그리고 마지막으로 시장과 산업 리

　　　　　아이디어가 팔리는 순간

더십(자아실현)이 등장한다.

→ **해보자**: 피라미드의 각 단계에 해당하는 고객 질문에 대해 브레인스토밍을 해보고 이를 목표 문장으로 바꿔보자. 자신의 욕구와 고객을 가장 잘 설명하는 목표 문장을 선택해보자.

질문은 다양해도 목표는 하나

목표 문장과 관련해 핵심적으로 같은 질문을 다양한 형태로 던지다 보면, 그들이 누구인지, 얼마나 행동할 준비가 되어 있는지, 대답에 얼마나 강력하게 동의하는지 드러난다. 우리는 이처럼 다양한 질문을 통해 (적어도) 세 가지 일을 할 수 있다.

▸ 잠재 고객이나 소비자를 폭넓게 이해한다.

▸ 그들에게 다양한 모습으로 다가갈 수 있다. 아이디어의 단단한 기반을 마련할 수 있다.

▸ 하나의 질문에서 다른 질문으로 넘어가는 경로가 보이기 시작한다. 이것으로 다양한 메시지를 설계할 수 있다.

아무리 많은 목표 문장을 브레인스토밍했더라도, 시작하려면 그중 하나를 선택하고, 이를 통해 고객이 실제로 던질 질문에 대답해야 한다. 브레인스토밍했던 질문과 목표 문장 중 어느 것이 고객과 함께 원하는 결과를 성취하도록 도움을 줄 수 있을까?

메시지는 고객이 우리가 제시한 아이디어를 향해 나아갈 수 있도록 해주는 지도다. 일단 고객의 질문을 그들의 언어로 만들었다면, 이제 당신은 다음 단계로 넘어갈 준비가 되었다.

미로를 헤쳐나가는 방법

'빨간 실'의 목표 문장을 발견하기 위해,

- ☐ 당신이 선택한 고객이 지금 당장 던질 만한 질문 목록을 작성해 보았는가?

- ☐ 자신의 욕구와 고객의 욕구를 가장 잘 설명하는 질문을 선택하고, 이를 목표 문장으로 바꿔보았는가?

- ☐ 고객의 소망과 가치, 어려움을 브레인스토밍하고, 고객 문장을 만들고, 비즈니스 욕구단계설을 활용해 자기 아이디어가 각 단계의 질문에 어떻게 답하는지 확인했는가?

아이디어가 팔리는 순간

4장

◆

차별화된 관점으로 재구성하기

목표: 사람들이 자기에게 들려줄 변화의 이야기를 만들게 하자 (그래서 아이디어가 행동이 되고, 나아가 세상도 달라지게 하자).

문제: 아이디어를 제시할 때, 우리는 고객의 관점보다 고객의 행동에 더 집중하게 된다.

진실: 어떻게 보는가가 무엇을 하는지를 결정한다. 자신과 세상에 대한 믿음을 보면 행동을 가장 잘 예측할 수 있다. 믿음은 갑자기 바뀌지 않는다.

변화: 고객의 관점으로, 즉 그들의 기존 믿음과 조화를 이루면서도, 세상을 새롭고 차별화된 방식으로 보며 '문제'를 발견하자.

행동: '빨간 실'의 문제 문장을 작성해보자.

논쟁을
하려면
두 사람이
필요하다

—

문제 문장이란 무엇인가?

기본적으로 '문제 문장'Problem Statement은 고객이 목표를 달성하기 위해 노력하는 실제 이유를 설명한다. 문제 문장은 앞에서 살핀 목표 문장("우리는 _____를 원한다")에 따라 나오며 다음과 같은 형태를 취한다.

> 우리가 아는 여러 장애물이 있을 텐데, 실질적인 문제는
> _____ 이다.

아래에 소개하는 문제 문장에서, 문제는 '두 부분'이 같이 다닌다는 사실을 확인하자.

"우리가 아는 여러 장애물이 있을 텐데, 실질적인 문제는

▸ 검사 결과가 '말해주는' 것보다 환자가 '기억하는' 것에 더 의존한다는 사실이다.

▸ 빅데이터는 '더 많은 지식'을 창조할 뿐 아니라, '더 많은 미지의 것'을 만들어낸다는 사실이다.

- '콘텐츠 결과'(얼마나 많이 만들어냈는지)와 '콘텐츠 노출'(누가 그리고 얼마나 많이 봤는지) 사이의 관계다.
- 비록 의도하지 않았다고 해도 '추종자'를 키우는 훈련만 하면서 '리더'를 희망한다는 사실이다.
- 지위를 기능하게 만드는 '사람'보다 '지위' 자체에 집중한다는 사실이다.

문제 문장이 어떻게 목표 문장에서 비롯되는지를 보여주기 위해, 드비어스 사례로 다시 돌아가보자. 그들의 고객은 약혼 커플이었다. 만약 1947년에 드비어스가 '목표 문장'을 작성했다면 커플들이 던졌던 질문, 가령 "서로에 대한 약속을 가장 선명하게 상징하는 것은 무엇일까?"를 포함했을 것이다. 따라서 문제 문장은 그 질문에 커플들이 어떻게 대답했는지를 담아야 한다. "반지를 상징으로 바라본다" 정도가 되지 않을까? 문제 문장은 또한 드비어스가 제시하는 새로운 관점도 포함해야 한다. 그것은 반지의 '종류'에 주목하는 것이다. 그리하여 목표 문장과 문제 문장을 하나로 연결한 드비어스의 빨간 실은 다음과 같을 것이다.

아이디어가 팔리는 순간

우리는 모두 서로에 대한 약속을 가장 선명하게 상징하는 것이 무엇인지 알고 싶다(동의하는 전제). 우리는 모두 반지를 거대한 상징으로 바라보며 무엇이라도 마음만 담기면 된다고 생각한다(장애물). 하지만 반지 그 자체가 아니라 '다이아몬드 반지' 자체를 탁월한 상징이 되게 하면 어떨까?(문제파악)

문제 문장의 기준

1. 문제 문장은 고객이 의식적으로 알지 못하는 것이어야 한다.

2. 이에 대해 내가 뭔가 할 수 있어야 한다.

3. 두 부분으로 구성되어야 한다. 고객의 기존 관점과 당신의 새로운 관점이 포함된다.

4. "문제의 쌍", 다시 말해 각각을 보완하거나 고객이 이해할 수 있는 관계를 지닌 한 쌍의 단어나 짧은 문구로 요약할 수 있어야 한다.

관점을 바꿔야 행동이 바뀐다

고객이 대답을 그토록 원한다면, 왜 아직 발견하지 못했을까? 문제 문장은 그 이유를 설명해준다.

지금까지 알려지지 않았던 장애물은 갈등과 긴장을 조성하고, 이는 결국 행동을 자극하는 원동력이 된다. 우리 메시지가 고객의 행동을 성공적으로 이끌어내려면 고객이 '아직 깨닫지 못한' 문제를 알려줘야 한다.

종종 고객이 자기 자신을 바라보는 방식이 장애물이 되는 경우가 많다. 즉, 문제는 '관점'의 차이에서 비롯되고, 그것이 존재하는 한 고객은 목표를 향해 나아가지 못한다. 그러므로 사람들의 행동을 바꾸려면 그들이 세상을 바라보는 방식을 바꿔야 하는 것이다.

간단하게 들리지만 쉽지만은 않다. 사람들이 세상을 바라보는 방식은 그들의 믿음에 뿌리를 내리고 있기 때문이다. 그리고 믿음은 좀처럼 바뀌지 않는다. 실제로 당신이 누군가의 믿음에 도전한다면, 그는 아마도 더 깊이 자기 신념 속으로 파고 들어가 더욱 강력하게 그 믿음을 고수하려 들 것이다. 그렇다면 우리는 어떻게 그러한 "문제의 문제"를

아이디어가 팔리는 순간

해결할 수 있을까?

그것은 고객의 기존 믿음과 조화를 이루면서도 새롭고 차별화된 관점(당신의 관점!)을 제시하는 것이다. 가령 드비어스는 사람들에게 반지 대신 목걸이를 사라고 강요하지 않았다. 그들은 기존의 대답(반지)을 인정했고, 고객이 편안하게 받아들일 수 있는 다른 대답(반지의 종류)을 제시했다. 기존의 관점과 "차별화되지만 조화를 이루는" 관점의 조합이 모여 두 부분으로 이루어진 "문제의 쌍"이 되고, 우리는 이를 문제 문장으로 전환해야 한다. 지금부터 그 이야기를 해보자.

"오리 토끼"를 만나다

[그림 2]를 보자. 1892년에 나온 유명한 착시 이미지다. 가까이 들여다보면 서로 다른 두 동물이 보일 것이다.

내가 "오리 토끼"라고 이름 붙인 이 그림은 문제 문장을 이루는 두 부분에 대해, 그리고 두 부분이 어떻게 연결되어 있는지를 생각하는 데 도움을 준다. 심리학자들이 말하는 "재구성 reframing" 개념을 잘 보여준다. 한번 살펴보자.

Welche Thiere gleichen einander am meisten?

Kaninchen und Ente.

[그림 2] 두 동물 중 무엇을 더 닮았는가?
출처: Fliegende Blätter, October 23, 1892, Wikimedia Commons

이 그림을 본 사람들은 대부분 오리를 먼저 본다. 논의를 단순화하기 위해, 오리를 고객의 기존 관점이라고 해보자. 그리고 우리가 제시하는 차별화된, 그러면서도 기존 관점과 조화를 이루는 관점을 토끼라고 해보자.

어떤 동물을 먼저 봤든 간에 둘 다 옳다. 그렇다면 당신과 고객의 문제는? "하나에 초점을 맞추면 다른 하나는 보

아이디어가 팔리는 순간

이지 않는다"라는 사실이다. 여기서 '재구성'이란 오리에 초점을 맞춘 사람에게 토끼를 보도록 하는 일이다. 문제 문장이 할 일이 바로 이런 것이다. 문제 문장은 오리와 토끼 (기존 관점과 새로운 관점)을 모두 제시함으로써 고객이 새로운 방향으로 초점을 맞추도록 만들어야 한다.

문제 문장 작성법

문제 문장을 작성하기 위한 가장 간단한 방법은 다음과 같다. 오리와 토끼를 차례로 발견하고, 다음으로 그 둘을 문제 문장으로 통합하는 것이다. 그렇게 하면 고객이 목표로 향하는 길을 가로막는 '실제' 문제를 설명할 수 있다. "사람들은 문제가 x라고 생각하지만 실제로는 y이다"라거나 "저기가 아니라 왜 여기에 집중했는지 궁금하다"와 같은 말을 할 때마다 특별히 주의해야 한다! 이처럼 우리가 "오리 대vs 토끼"를 바라볼 때마다, 이야기를 추구하는 우리 두뇌는 문제 문장을 스스로 말한다.

그렇지 않다면 우리는 마음의 미로에 더 많은 빛을 비춰야 한다. 테세우스처럼 한 걸음씩 나아가야 할 때도 있다.

단계 1: 오리 발견하기-고객의 목표를 가로막는 기존 관점

오리 토끼 안에서 무엇을 보느냐는 결국 우리 두뇌가 그 그림을 구성하는 일련의 개별적인 선을 해석하는 방식에 달렸다. 그러한 선들은 고객이 목표를 향해 나아가는 길에 만나는 장애물과 같다.

알려진 장애물을 발견하고, 고객이 공통적으로 처한 문제를 확인할 때, 우리는 고객이 알고 있는 장애물이 실제로는 더 큰 그림의 일부라는 사실을 보여줄 수 있다.

예를 들어, 리더십과 문화 컨설팅 분야에서 일하는 기업 프로펠PROPEL은 CEO와 고위 관리자들이 직원 참여 및 기업 문화 이슈를 중심으로 긴밀히 협력한다. 우리와 함께했던 한 연구에서 프로펠 설립자 제이미 노터와 매디 그랜트는 "어떻게 직원들로부터 더 많은 에너지와 열정을 이끌어 낼 수 있을까?"라는 질문을 목표로 선택했다. 다음으로 문제 문장 작성 과정에서 제이미와 매디는 직원 대부분이 목표를 향해 나아가는 길에 맞닥뜨리는 장애물 목록을 작성하기 시작했다. 주로 시간과 돈 그리고 다른 사람이었다. 다음으로 좀 더 깊이 들어가 장애물의 공통 요소를 발견했다. "직원들은 이미 주당 50시간 넘게 일하고 있습니다. 그것에 대해 불만이 많습니다!" 다음으로 돈이라는 장애물은 종종 이렇게 등장했다. "아무리 많은 급여를 주더라도 직원들은 여전히 만족하지 않고, 우리는 성과를 얻지 못합니다!" 그리고 "다른 사람"이라는 장애물과 관련해선 이렇게 말한다. "그들을 행복하게 할 방법은 없습니다. 현재 그들이 행복하지 않기 때문이지요."

고객 이야기 속에서 '행복한'이라는 단어가 계속 등장했다. 경영진과 인사 관리자들은 "에너지와 열정" 그리고 "직원 행복"을 동일한 것으로 보고 있었다. 즉, 그들에게 "행복"은 곧 오리였던 셈이다!

→ **해보자**: 고객의 목표를 가로막는 장애물 목록을 작성해보자. 이러한 장애물의 공통점을 확인해보자. 그 공통점을 하나의 개념으로 정의해보자.

목표 문장을 작성할 때 맞닥뜨린 어려움을 돌아보자. 어떤 패턴이 보이는가? 고객은 왜 그것을 장애물로 인식하는가? 그리고 이러한 장애물을 설명하기 위해 어떤 용어를 사용하는가?

처음에는 이런 식으로 생각하는 게 번거롭게 느껴진다. 의식적인 차원에서 이렇게 생각하는 것이 생소하기 때문이다. 하지만 이는 부자연스러운 것이 아니다. 심리학자 수전 웨인쉔크Susan Weinschenk는 이렇게 말했다. "사람들은 자연스럽게 범주를 창조한다. 모국어 학습이 자연스럽게 이뤄지듯, 우리를 둘러싼 세상을 범주화하는 학습 역시 마찬가지다."[10] 우리는 일곱 살 무렵부터 범주를 만들어내기 시작한다. 세상을 이해하기 위해 그렇게 해야만 하기 때문이다.

당신은 고객이 맞닥뜨린 장애물(오리!)을 이해하도록 도움을 주고, 이를 통해 목표를 향한 새로운 길을 열어줄 '새로운' 관점(토끼!)을 보여주어야 한다.

단계 2: 토끼 발견하기-현재 상황을 이해하게 하는 새로운 관점

오리에 관한 아이디어를 이해했다면, 이제 토끼, 즉 똑같은 선이 만들어내는 다른 그림을 발견할 시간이다. 좀 더 구체적으로 말해, 우리는 고객이 오리라는 장애물을 다른 방식으로 바라보도록 하는 중이다. 여기서는 새 정보를 소개하지 않는다. 다만 그들이 이미 경험하는 것에 대한 새로운 '해석'을 제시할 뿐이다.

프로펠 사례로 돌아가, 제이미와 매디는 오리가 행복이라는 것을 알았다. 그렇다면 토끼는 무엇인가? 여기서 고객은 "더 높은 에너지와 열정"이라는 목표를 직원 행복과 동일시했다는 점을 상기하자. 제이미와 매디는 조사를 통해 직원 참여라는 문제를 다른 시각으로 볼 수 있음을 깨달았다. 직원 행복(오리)이 "다른 것의 부산물"이라는 사실에 눈을 뜬 것이다. 여기서는 이것이 '성공' 느낌(토끼)이었다. 다시 말해, 직원 성공은 그들의 에너지와 열정을 높였다. 그러자 행복은 그 뒤를 따랐다.

제이미와 매디는 이러한 발견을 바탕으로, 새로운 렌즈를 통해 장애물을 재구성했다. 업무 시간과 관련해 직원들은 자신과 회사를 위한 시간이 성공적인 결과로 이어지지 않고 있다고 생각했다. 그래서 행복하지 못했던 것이다. "돈으로는 행복을 살 수 없다"라는 말도 있듯, 급여와 관련해서도 마찬가지였다. 직원들이 직장에서 성공하고 있다고 느끼지 못할 때, 급여가 아무리 높아도 그것을 보완할 수 없었다. 그리고 성공이라는 새로운 렌즈로 들여다보면, "다른 사람"이라는 장애물 또한 아주 다르게 보였다. 제이미와 매디는 행복하지 않은 직원들도 열정적일 수 있다는 사실을 발견했다. 그들이 '성공적'이라고 느끼기만 한다면 말이다.

여기서 강조할 부분은 이것이다. 행복에 대한 고객의 기존 관점은 결코 잘못된 것이 아니었다. 행복은 직원의 열정이라는 방정식에 포함된다. 오리가 오리 토끼 그림의 일부인 것처럼 말이다. 성공은 그들이 만난 장애물이 무엇인지 설명해준다는 사실을 제이미와 매디가 고객에게 보여줬을 때, 고객은 그들이 추구하는 열정과 행복 모두를 얻는 방식이 있음을 알았다. 이러한 깨달음은 결국 문제 문장으로 전환되었다.

"우리가 모두 알고 있는 장애물도 있지만, 실질적인 문제는 '열정'과 '행복'을 서로 연결된 것으로 보지 못하고, 대체해야 하는 무엇으로 보는 관점이다."

→ **해보자**: 알려진 장애물(오리)에 대한 고객의 기존 관점을 드러내는 개념에서 시작해, 당신의 관점(토끼)를 드러내는 반대되는 개념에 대해 브레인스토밍을 하자.

아이디어가 팔리는 순간

오리 토끼("새로운 지금" 관점) 개념을 이해했다면, 이제 둘을 하나로 합칠 시간이다.

단계 3: 두 부분으로 구성된 문제(즉, 오리 토끼)를 문제 문장으로 전환하기

문제 문장 속에 오리 토끼의 두 부분을 포함해야 한다. 즉, 분명한 대조를 보여주는 것이다. 이는 대단히 중요한 문제인데, 인간은 말 그대로 대조를 통해서만 어떤 것을 잘 이해하기 때문이다. 시각 차원에서는 대조를 통해 대상을 구분한다. 예를 들어 검은 가구와 집기로 가득한 검은 방을 칠흑 같은 상태에서 돌아다닌다고 해보자! 빛은 어디까지 의자이고 어디부터 탁자인지 인식하게끔 대조를 만들어낸다. 그러한 대조가 없다면 틀림없이 부딪히고 만다.

대조는 인간의 인지 및 인식과 관련해서도 비슷한 기능을 한다. 우리는 개가 무엇인지 이해한다. 그러나 개를 고양이와 비교해보면, 더 잘 이해할 수 있다. 실제로 우리는 둘의 차이를 통해 더 분명하게 이해한다. 그러므로 두 부분(오리 '그리고' 토끼)으로 이뤄진 문장을 고객에게 제시하는 것이다. 고객은 이를 통해 기존 관점이 우리 관점과 어떻게 다른지 뿐만 아니라, 두 관점을 각각 더 잘 이해할 수 있다.

실제로 오리 토끼로 기능하는 한 쌍의 개념을 발견한다면 문제를 더 잘 이해할 수 있다! 이러한 점에서 세 번째 단계의 목표는 각 관점을 설명해주는 그리고 함께 작용하는 두 개념을 발견하는 데 있다.

→ **해보자**: 단계 1과 단계 2의 개념을 문제 쌍(오리 토끼), 즉 서로 연결되어 있으면서도 동시에 긴장 관계를 형성하는 한 쌍의 단어나 짧은 문구로 연결하자.

이를 위한 한 가지 좋은 방법은 한 쌍의 개념을 재미있게 만들어보는 것이다. 여기서 우리는 시의 '운율'을 활용할 수도 있다.

‣ 두운: 같은 글자로 시작되는 단어나 특정 음소의 반복.
  "assess, articulate, activate"
‣ 유음: 비슷한 모음으로 이뤄진 단어의 반복. "try, find, fight"
‣ 압운. 리듬감을 의미. "know, go, flow"
‣ 비슷한 음절의 수와 패턴. "inspiration, activation"

아이디어가 팔리는 순간

이 작업을 위해 나는 '두운 동의어 검색기alliteration synonym finder'를 자주 이용한다. 내 경험상 alliteration.me의 활용도가 높았다. 문제 쌍의 운율을 연구하면 색다른 패턴을 쉽게 발견할 수 있다. 또한, 그러한 연구를 하지 않았더라면 생각해내지 못했을 단어나 개념을 만나는 과정에서 사고의 흐름도 달라질 수 있다.

인간의 두뇌는 이와 같은 운율이 가져다주는 패턴과 연결을 좋아하므로, 운율을 갖춘 문제 쌍은 우리와 고객이 더 쉽게 기억하도록 도움을 준다.

→ **해보자**. 두운, 유음, 압운 그리고 시의 패턴(운율)을 가지고 문제 쌍을 다시 정의해보자. 문제 쌍의 두 부분을 포함하는 문제 문장을 작성해보자.

4장을 시작하면서 소개했던 문제 문장 목록과 드비어스 사례를 참고하라.

66

사람들의
행동을 바꾸려면
그들의 관점을
바꿔야 한다

—

생각이 한 곳에만 머물러 있다면

은유를 동원해 문제 쌍을 발견하자

일단 일반적인 형태의 문제 쌍을 작성했다면, 고객에게 익숙한 상황이나 그들이 사용할 단어에 적합하도록 용어와 표현을 정교화하자.

메시지를 위한 문제 쌍을 무엇으로 하면 좋을지 알아보려면 오리 토끼 사례를 재고해보자.

▸ 숲/나무. "나무를 보면 숲을 보지 못 한다"라는 말이 있다. 세부 사항에 집중하면 큰 그림을 볼 수 없는가? 혹은 큰 그림에 집중하면, 그것을 구성하는 요소를 볼 수 없는가?

▸ 마차/말. "마차를 말 앞에 두다"라는 표현이 있다. 구성 요소는 빠진 게 없더라도 그것을 거꾸로 연결한다면 무슨 일이 일어나겠는가?

▸ 오른손/왼손. "왼손이 하는 일을 오른손이 모른다." 방정식의 한쪽에 너무 집중하는 바람에 전체 균형을 잃어버린다면?

▸ 얕은/깊은. 표면만 보고 더 깊은 의미를 놓치는 일은? 혹은 반대된다면?

▸ 집중화된/분산된, 부분/전체, 중심/살, 조각/절차, 보여주기/
말하기, 나/당신, 알려진/미지의…. 우리는 여러 가지 쌍을 통해
아이디어를 얻을 수 있다.

4장을 시작하면서 목록으로 제시한 사례에서 한 고객
은 알려진/미지의 문제 쌍을 "더 많은 지식/더 많은 미지
의 것"으로 바꾸어서 다음과 같은 문제 문장으로 전환했다.
"빅데이터는 더 많은 지식을 만들어낼 뿐만 아니라, 더 많
은 미지의 것을 만들어낸다."

전혀 다른 분야로 달려가라

얼마 전 문제 쌍 발견에 도움을 주는 구체적인 은유 하나
를 발견했다. 그것은 '도서관'이다. 질문을 던진 고객이 대
답을 찾으러 도서관에 간다고 상상해보자. 대답을 발견하
려면 먼저 어디로 가야 할까? 어떤 코너로 가야 할까?

예를 들어 고객 중 하나는 '의사소통' 코너에서 위기에 대
처하는 대답을 찾으려고 했다. 그녀 생각에는, 실제 대답은
'자연' 코너에 있었다. 그녀의 고객들은 '대본'이나 '심리학'
이 아니라 애초에 위기를 예방하는 '시스템'을 찾아야 했다.

변수를 활용해 문제 쌍 발견하기

우리는 때로 자신의 관점과 고객의 관점이 서로 어떤 관계를 이루고 있는지를 확인함으로써 문제 쌍을 발견할 수 있다. 이들 모두 "미지의 것"이므로, 수학 문제처럼 생각하고 x나 y 같은 변수를 사용하자.

나는 일반적으로 고객의 기존 관점(오리)을 x라고 하고, 새로운 관점(토끼)을 y라고 부른다. 그리고 이렇게 질문을 던진다.

Q. 사람들은 x와 y를 같은 것으로 생각하는가?

A. 예를 들어 문제 쌍인 '반지/반지의 종류'는 다음과 같은 문제 문장이 된다. "반지는 분명한 상징이지만, 반지의 종류 역시 상징이 될 수 있다."

Q. 사람들은 y가 x를 따라간다는 사실을 놓치고 있는가?

A. 문제 쌍인 '행동/관점'을 적용하면 이런 식이 된다. "우리는 종종 고객의 관점보다 고객의 행동에 더 많은 관심을 기울인다.

일단 x와 y의 관계를 이해했다면, 문제 문장을 작성해 보자.

→ **해보자**: x와 y라는 변수를 활용해서, 고객의 기존 관점(x)과 당신의 새로운(상반되면서 조화를 이루는) 관점(y) 사이의 관계를 확인해보자. 문제 쌍의 두 변수를 포함하는 문제 문장을 작성해보자.

문제 해결을 위한 질문을 포함시켜라

이번 장을 시작하면서 한 가지 기준은 문제가 '두려움'의 대상이 되어서는 안 된다는 것이었다. 세 가지 이유가 있다.

첫째, 두려움은 감정이기 때문이다. 두려움이 특정 행동의 동인이 될 수는 있다. 하지만 인간은 두려움 그 자체를 막을 수는 없다. 다만 두려움이 촉발하는 상황 혹은 우리가 두려움을 느끼도록 만드는 요인을 막을 수 있을 뿐이다. 고객에게 해결 불가능한 문제 혹은 당장에 불가능한 변화를 제시해서는 안 된다. 그것은 목표 달성에 도움이 되지 않는다. 고객에게 "두려워하지 마세요"라고 하는 것은 불가능을 요청하는 일이다. 두려움을 촉발하는 상황을 바꾸지 않는 한 두려움은 계속 나타나기 때문이다. 두려움에 대한 반응을 바꾸지 않는 한 그 감정은 계속 부정적인 영향을 미친다.

두 번째 이유는 일반적으로 두려움은 미지의 존재가 아니기 때문이다. 오히려 우리는 두려움의 실체가 무엇인지 어느 정도는 알고 있다. 물론 그러한 사실을 쉽게 인정하지는 않지만 말이다. 두려움이 이미 알려진 문제라면, 오히려 목표 문장에 포함시켜야 한다. 예를 들어 "x를 어떻게 바꾸면 자신감을 얻게 될까?"

마지막으로, 문제는 우리가 결합할 수 있는 두 부분으로 구성할 수 있기 때문이다. 그리고 그 두 부분을 결합해 전체 그림을 완성해야 한다. 하지만 두려움만 강조한다면 그럴 수 없다.

두 가지 형태의 문제 문장에 이름 붙이기

문제 문장을 처음으로 작성해보았다면 아마도 장황한 상태일 것이다. 그래도 괜찮다. 그 문장들이 핵심 단어나 문구로 요약될 때까지 계속 고민하자. 고객과 함께 그 문제를 공유할 수 있을 정도로 충분히 분명해졌다는 확신이 들 때까지

계속 다듬자. 나는 고객들에게 적어도 두 가지 형태로 만들어보라고(그래야 한다고) 종종 이야기한다.

- "완전한 버전." 다른 두 관점을 완전하게 이해하기 위해 필요한 모든 세부 사항을 통합한 것이다.
- "요약 버전." 행동/관찰처럼 문제 쌍으로 구성된 요약본이다.

우리는 완전한 버전을 통해 문제 틀을 세부적인 차원에서 구축해 고객이 이해하도록 할 수 있다. 다음으로 빠른 버전으로는 고객에게 문제를 쉽게 기억하고 반복적으로 말하도록 제시할 수 있다. 한 걸음 더 나아가, 문제 문장을 통해 문제 그 자체에 이름을 붙일 수 있다.

리더십 코치이자 컨설턴트인 제이콥 엥겔스Jacob Engel와 함께 일할 때, 그는 자신이 틀을 만든 문제에 멋진 이름을 붙였다. "어떻게 최고의 인재를 채용하고 붙잡아둘 수 있을까?" 고객의 이 질문에 제이콥은 핵심 문제를 이렇게 보았다. "회의 시간에 많은 목소리가 들리지만, 오직 리더의 목소리만 주목받는다." 제이콥은 이 문제를 이렇게 요약했다. "많은 목소리/하나의 목소리" 제이콥은 경험을 통해 직원들이 자기 목소리가 전달되지 않는다고 느낄 때, 직장을 떠나는 경향이 급격히 높아진다는 사실을 깨달았다.

제이콥은 그 메시지가 차별화되길 원했고, 그래서 나는 그 문제에 이름을 붙여 자기 것으로 하라고 했다. 그때 제이콥은 내게 '브리튼즈 갓 탤런트Britain's Got Talent'를 본 적이 있느냐고 물었다(나는 보지 않았다). 그러고는 최근 우승자 중 한 사람이 "목소리를 잃어버린 사람Lost Voice Guy"으로 알려진 코미디언이었다는 이야기를 들려줬다. 그 참가자는 자신을 그렇게 불렀다. 장애로 인해 말을 할 수 없었기 때문이다. 그는 모든 농담을 컴퓨터를 통해 사람들에게 전했다. 제이콥은 목소리를 잃어버린 사람과 그가 이름 붙이려던 문제 사이에 있는 연결 고리를 끄집어냈다. 바로 리더가 아닌 이들이 목소리를 잃어버린 존재와 같다는 것이었다. 그렇게 해서 제이콥이 말한 "잃어버린 목소리 문제"가 탄생했다.

→ **해보자**: 문제 쌍을 정의하고 문제 문장을 작성했다면, 그 문제에 이름을 한번 붙여보자.

문장을 멋지게 작성하고, 요약하고, 이름까지 붙였다고 해도 아직 우리의 메시지는 세상에서 임무를 수행할 준비를 하지 못했다. 그리고 해답이 될 준비도 요원하다. 사람들의 관점(그리고 그들의 행동까지)을 정말로 바꾸고 싶다면, 우리는 그들이 문제를 외면할 수 없도록 만들어야 한다. 이를 위해, 진실을 발견해야 한다.

미로를 헤쳐나가는 방법

두 부분으로 구성된 문제 문장을 발견하기 위해,

☐ 장애물에 대한 고객의 기존 관점을 그들에게 설명했는가? (즉, '오리'를 발견했는가?)

☐ 그 동일한 장애물과 대조되는 관점('토끼')을 찾았는가?

☐ 명백하고 간결한 문제 쌍이 어떻게 조화되는지 발견했는가? (오리 토끼)

☐ 두 가지 단어나 문구를 두 부분으로 이뤄진 문제 문장으로 바꾸었는가?

☐ 운율과 은유 그리고 x/y 변수를 활용해 문제 문장을 만들었는가?

아이디어가 팔리는 순간

5장

◆

고객이 기꺼이 동의하는 한 줄의 통찰

목표: 사람들이 자기에게 들려줄 변화의 이야기를 만들게 하자 (그래서 아이디어가 행동이 되고 나아가 세상도 달라지게 하자).

문제: 다른 누군가를 직접 변화시킬 수는 없다. 다만 변화를 위한 조건을 만들어낼 수 있을 뿐이다. 변화는 선택에서 비롯된다. 그리고 선택은 갈등에서 비롯된다.

진실: 두 진실이 싸울 때, 하나만이 살아남는다. 우리가 진실이길 바라거나 그렇게 믿는 두 가지가 충돌할 때, 우리는 언제나 자신의 진정한 목표와 더 가까운 것을 선택한다.

변화: 진실의 순간을 만들자. 행동할 수밖에 없도록 하는 내부 갈등을 창조하자.

행동: 빨간 실의 진실 문장을 작성하자.

우리는
강한 것에만
기댈 수 있다
—

진실 문장이란 무엇인가?

'진실 문장'은 고객의 마음속에서 내적인 갈등을 빚어내는 요인을 설명한다. 진실 문장은 앞에서 살펴본 문제 문장에서 비롯되며 다음과 같은 형태를 취한다.

▌ 그래도 우리는 _____가(이) 참이라는 데 동의한다.

  몇몇 사례를 살펴보자. (밑줄에 들어갈 내용이다.)

‣ 보는 것이 믿는 것이라는 사실
‣ 가장 큰 위험은 우리가 알지 못하는 것으로부터 온다는 사실
‣ 더 많은 사람이 우리 콘텐츠를 볼수록, 더 많은 영향력을 행사할 수 있다는 사실
‣ 경험이 우리 마음에 흔적을 남기듯 두려움은 우리 몸에 물리적인 흔적을 남긴다는 사실
‣ 지위는 사람 덕분에 제 구실을 한다는 사실
‣ 우리는 언제나 즉흥적으로 움직인다는 사실
‣ 리더십은 학습되는 것이라는 사실

나는 고객과 고객에게 "다이아몬드는 영원하다"라는 드
비어스의 광고 문구가 최고의 진실 문장 중 하나라고 자주
말한다. 이러한 내 생각에 동의하지 않는 사람도 더러 있지
만, 적어도 다이아몬드가 일반적인 환경에서 대단히 견고
하고 절대 부서지지 않는다는 사실은 대부분 인정한다.

말 그대로의 '진실'을 목표와 문제 맥락에 놓아둘 때, 마
법 같은 일이 일어난다. 단순한 텍스트가 은유의 옷을 입는
다. 드비어스가 사용한 가상의 빨간 실을 살펴보자.

> 우리는 서로에 대한 약속을 최고로 상징하는 것이 무엇인지 알
> 고 싶어 한다. 우리가 아는 여러 장애물이 있을 텐데, 실질적인
> 문제는 반지가 그저 상징일 뿐이라는 데 있다. 게다가 어떤 반
> 지를 끼든 큰 관계가 없다는 사실이 가장 큰 문제다. 우리는 다
> 이아몬드가 영원하다는 것은 진실이라고 동의하지만….

어떤 일이 벌어졌는지 보이는가? 상징과 반지의 맥락에
서 다이아몬드의 "영원함"은 말 그대로 상징이 되었다. 이
말은 고객에게 새로운 갈등을 가져온다. 그들이 믿던 무언
가("다이아몬드는 영원하다")가 그들이 원하는 것("최고의 상징")

을 위험에 빠뜨린다. 이 모두는 사람들이 반지의 '종류'에 관심을 기울이지 않기 때문이다.

주목할 것은 이러한 갈등이 오히려 "진실의 순간"을 창조한다는 점이다.

진실 문장의 기준

1. 진실 문장에는 고객이 쉽게 동의할 수 있는 자명한 가치, 믿음, 사실 혹은 발견이 담겨 있어야 한다.

2. 이를 위해 진실 문장은 당신 없이도 고객이 정당성을 입증할 수 있어야 한다.

3. 고객의 믿음 체계 안에 이미 존재하는 것이어야 한다.

4. 문제를 외면하지 못하도록, 문제가 뚜렷하게 드러나도록 해야 한다.

5. 왜 우리가 제시하는 변화가 유일하게 정당한 것인지 설명할 수 있어야 한다.

6. 규정하거나 지시하는 인상을 주는 표현이 없어야 한다. 단지 있는 그대로를 묘사해야 한다.

7. 중립적인 문장이어야 한다.

내적 갈등을 통해 진실의 순간 경험하기

모든 위대한 이야기 속에는 진실의 순간이 있다. 그 순간
은 '절정' 혹은 '돌아올 수 없는 지점'으로도 불린다. '자
각'(Anagnorisis, 주인공이 자신이나 다른 이의 실체, 사건의 전말과
진실을 깨닫게 되는 것—옮긴이)이라고 부를 수도 있다. 뭐라고
부르던 간에 진실의 순간은 주인공이 자신을 둘러싼 환경
의 진정한 본질을 깨닫는 순간이다. 이로 인해 주인공은 자
기 문제를 어떻게 해결할지, 이야기의 시작점에서 원했던
것을 포기해야 할지 혹은 그것을 얻기 위해 뭔가(행동)를 바
꿔야 할지를 결정해야 한다. 그리고 그 선택은 이야기의 종
착점까지 이어진다. 일반적으로 주인공이 원하는 것을 얻
는다면, 그것은 해피엔딩이다. 그렇지 않다면….

좋은 소식이 있다. 우리는 고객의 질문에 대한 답을 갖고
있음을 보여주도록 메시지를 설계한다. 고객에게 그들이
원하는 것을 어떻게 얻을 수 있을지를 보여주는 것이다.

목표 문장에서 우리는 고객이 '원하는 것'을 결정했다.
다음으로 문제 문장에서 여정을 가로막는 '실질적인 문제'
가 무엇인지 보았다. 문제 정의만으로 변화를 이끌어낼 수

있다고 말하고 싶지만 … 그게 쉽지 않다. 해야 할 일을 알고 있음에도 하지 않았거나 미뤘던 사례는 끝없이 이어지기 때문이다.

나는 웨이트 와쳐스Weight Watchers(다이어트 제품 및 서비스 브랜드—옮긴이) 리더로 보낸 13년 동안 그 교훈을 깨달았다. 우리는 변화를 직접 끌어낼 수 없다. 다만 변화를 위한 조건을 만들어낼 수 있을 뿐이다.

분명하게도 우리는 누군가를 움직이게 할 수 있다. 상황에 따라 강요도 할 수 있다. 행동은 간헐적으로, 종종 외부 압력을 통해서도 일어난다. 하지만 '변화'는 다르다. 물론 변화에는 행동이 필요하다. 하지만 그 행동은 지속적인 것이어야 한다. 또한, 일반적으로 변화는 내적 동인으로, 즉 행위자 자신에 의해 이뤄진다. 우리가 할 수 있는 일이란 변화를 가능하게 만드는 변수를 확인하는 것이다.

어떻게? 바로 갈등, 그것도 내적 갈등을 통해서다. 특히 누군가 원하는 것(목표)과 그들이 진실이라고 믿는 것 사이에 존재하는 갈등을 통해. 그러한 갈등은 지금까지 해왔던 것과 언제나 마찰을 일으킨다. 1947년에 사람들이 "다이아몬드는 영원하다"라는 말을 처음 들었을 때 비슷한 일이 일어났다. 사람들은 '영원히 지속하는' 다이아몬드 박힌 반지가 다이아몬드 없는 반지보다 분명하게 더 나은 상징이라는 사실을 외면할 수 없었다. 약속이 영원하다고 믿는다면 그들은 자수정만으로는 만족할 수 없었다(자수정에게는 미안하다).

사실 이러한 유형의 갈등에는 '인지부조화'라는 설명이 붙는다. 인지부조화는 우리가 진실이라고 알고 있는 두 가지(혹은 그 이상)가 서로 다툴 때 나타나는 상황을 일컫는다. 두 진실이 싸우면 오직 한쪽만 살아남는다. 우리 두뇌는 그러한 갈등을 그냥 방치하지 못한다. 두뇌는 심리적 불편함을 제거하기 위해 변화해야 한다.

그렇게 갈등은 선택을 부추긴다.

선택은 변화를 부추긴다.

이것이 진실 문장이 의도하는 바다. 고객 속에서 내적 갈등을 조장하는 진실의 순간은, 고객이 원하고 믿는 것(쉽게 변하지 않는 두 가지)을 활용함으로써 즉각적으로 달라지는 한 가지, 즉 관점에 압박을 가한다. 고객의 관점을 바꾸는 상황이 만들어지면, 행동도 달라지게 하는 환경이 마련된 셈이다.

아이디어가 팔리는 순간

진실 문장 작성법

"왜 그게 문제가 되는 거야?"

진실의 순간은 어떤 면에서는 이야기의 중심이다. 즉, 문제와 변화 사이의 중심점이다. 여기서 우리는 왜 문제가 문제인지, 왜 새로운 관점이 필요한지 설명해야 한다. "왜?"라는 질문은 좋은 출발점이다.

→ **해보자**: 자신에게 물어보자. "왜 그 문제가 문제인가?" 혹은 "왜 새로운 관점이 그렇게 중요한가?" 이번 장을 시작하면서 목록으로 제시한 기준을 충족하는 문장을 작성해보자.

첫 번째 시도에서 앞서 목록으로 제시한 기준을 충족시키는 진실 문장을 만들어냈다면, 환영한다! 당신은 진정 실력자다. 진실 문장은 빨간 실에서 가장 힘든 부분이기 때문이다. 그것은 인간 존재에서 핵심을 이루는 믿음과 가치 혹은 가정에 대한 것이기 때문이다. 자신에게는 너무도 당연한 것이라서 굳이 분명하게 말할 필요성을 느끼지 못했던 것이다.

우리가 올바른 문제 쌍을 발견했다는 사실을 증명하는 가장 좋은 신호는 종종 인식하지 못한 상태에서 진실 문장을 가지고서 그것을 즉각 설명해낼 수 있다는 것이다. 예전에 나는 컨설턴트이자 강연자인 트레이시 팀Tracy Timm과 함께 일했다. 당시 우리는 문제 쌍을 "관리자는 '사람'보다 '지위'에 더 집중한다"라고 정의했다. 이에 대해 팀은 이렇게 덧붙였다. "그건 말도 안 되는 생각입니다. '지위가 기능하도록 만들어주는 것은 사람'이기 때문이죠!" 이런 것이 바로 진실 문장이다.

아마도 처음 작성한 몇몇 문장은 그 기준을 충족시키지 못했을 것이다. 여기서 우리가 해야 할 일은 사람들이 (적어도 쉽게는) 논쟁할 수 없는 명백한 지점에 도달할 때까지 계속 밀어붙이는 것이다. 어떻게 그렇게 할 것인가? 고객들에게 효과가 있었던 몇몇 방법을 소개한다.

다섯 번 파고들어라

'다섯 번의 왜 연습Five Whys exercise'이라는 게 있다. 이 방법은 자동차 회사 도요타에서 제조 과정을 개선하고 유연하게 만들려는 시도로 시작되었다. 우리가 "왜"라고 다섯 번

아이디어가 팔리는 순간

물으면, "해결책은 물론, 문제의 본질도 선명해진다."[11] 이 방법은 전통적이고, 간단하지만 쉽지 않은 훈련법이다. 우리는 기본적으로 자기에게 이렇게 묻는다. "왜 그게 문제가 되는 거지?" 여기서는 "왜" 질문을 다섯 번에 걸쳐 던질 것이다.

→ **해보자**: 다시 한번 자신에게 묻자. "왜 그게 문제인 거야?"
자신의 대답을 살펴보고(예를 들어, "y라는 효과를 만들어내기 때문에 문제다") 자기에게 다시 한번 "왜" 질문을 던지자.
"왜 x는 y를 만들어내는가?"
다음으로 "왜" 질문에 대한 이전 대답을 활용해 그 패턴을 다섯 번 혹은 기준을 충족시키는 진실 문장에 도달할 때까지 반복하자.

어슈어는 의료 기관으로 구성된 고객과 함께 초기 세일즈 대화를 위해 빨간 실을 개발하고자 했다. 그들은 의료 기관이 자신이 만든 '소변 검사 키트'를 사용해보길 원했다. 이렇게 하려면 치료를 잘 받고 있다고 생각하는 환자들에게 '진실'이 무엇인지를 전달해야만 했다. "여러분은 환자들의 기억에 더 많이 의존하고 있어요."

그러나 진실은 왜 그가 문제이며, 왜 자기들 제품이 답인지 설명해야 한다. 그래서 우리는 다섯 번의 '왜 연습'을 따라 이렇게 물었다.

"왜 소변 테스트가 더 나은 해답인가?"(그것은 즉각적으로 결과를 얻을 수 있기 때문이다.)

"왜 그것이 더 나은가?"(그것은 환자의 기억과 테스트 결과 사이에 존재하는 큰 격차를 메워주기 때문이다.)

"왜 그것이 더 나은가?"(테스트는 사람들이 느낄 수 없는 효과를 그들이 이해하는 결과로 바꿔놓았다.)

"왜 그것이 더 나은가?"(오랜 속담을 인용하자면, '보는 것이 믿는 것'이기 때문이다. 그렇다. 진실은 문제를 외면하기 어렵게 한다.)

다섯 번 질문법에서 "다섯"은 임의적인 숫자라는 사실에 유의하자. 도요타 직원들은 '평균' 다섯 번 질문해야 어느 정도 명확해졌다는 사실을 발견했다. 물론 우리는 더 적은 횟수로도(특히 전문가와 함께 일한다면) 근본 원인을 찾아낼 수 있다. 어쨌든 중요한 점은 고객이 기꺼이 동의할 무언가가 떠오르거나, 문제와 아이디어를 강력하게 묶을 무언가를 발견할 때까지 계속하라는 것이다.

아이디어가 팔리는 순간

진실의 방정식

진실 문장에 도달하기 위한 또 다른 기술은 우리가 지금까지 만들어왔던 빨간 실 조각을 거꾸로 다루는 것이다. 우리에게는 아이디어도 있고, 목표와 문제 쌍도 있다. 이들 요소는 진실과 함께 다음과 같은 관계를 형성한다.

목표 + 문제 + 진실 = 아이디어(변화)

아이디어(다음 장에서 논의하게 될 '변화'와 같은 뜻으로 사용된다)는 지금까지 일어났던 모든 것의 논리적 결론이다. 우리가 제시한 모든 개념의 합이다. 진실 문장을 발견하는 데 어려움을 겪고 있다면, 진실을 변수 x라고 생각해보자.

목표 + 문제 + x = 아이디어(변화)

다시 말해, 우리가 만들어나가는 변화 그리고 목표, 문제와 더불어 어떤 개념이 변화를 이끌어내는가? 그것이 '진실'인 경우가 많다. 일단 진실이 해야 할 것을 이해했다면, 무엇을 말해야 할지 훨씬 쉽게 발견할 수 있다.

→ **해보자**: 자문해보자. 목표와 문제가 밝혀진 후, 당신을 달라지게 만든 그것은 무엇인가?

과학적 진실

진실이란 고객이 세상과 그들 자신에 대해 기꺼이 동의하려는 무엇이다. 이 범주에 들어맞는 다른 것으로 어떤 게 있을까? 과학이 그런 것 아닐까? 즉, 일반적으로 인정된 과학 원리에 동의하는 정도라면(올라가면 내려온다. 움직이는 물체는 계속 움직이려 한다. 정지해 있는 물체는 계속 정지해 있으려 한다. 모든 작용에는 동일한 크기의 반작용이 따른다…), 빨간 실 맥락 속에서 진실 문장이 하나의 은유로 등장할 때도 동의할 가능성이 높다. 이것이 드비어스 슬로건 "다이아몬드는 영원하다"가 오랫동안 영향력을 발휘할 수 있었던 이유 중 하나라고 생각한다. 대부분 상황에서 이 문구는 말 그대로 진실이다. 드비어스가 이를 은유적으로 사용했을 때, 사람들은 과학적인 믿음을 감성적인 믿음으로 '전환'할 수 있었다.

우리는 과학 이론을 있는 그대로 혹은 자기 언어로 수정해 사용할 수 있다. 예를 들어 "한번 움직인 마음은 계속 움직이려 한다. 멈춰 있는 마음은 계속 멈춰 있으려 한다"와

같은 것이다. 우리가 만든 새 버전에도 고객이 기꺼이 동의
하도록 만들자!

→ **해보자**: 일반적으로 받아들여지는 과학 원리 그리고 진실과 똑
  같은 핵심 개념을 들려주는 자연 세상에 대해 브레인스토밍 해
  보자. 이러한 원리 중 하나를 있는 그대로 혹은 수정해 활용함
  으로써 진실 문장을 작성해보자.

공리, 숙어, 인용, 속담

일반적으로 과학 원리는 엄격한 실험을 통해 입증되는
반면, 사람들의 경험을 통해 입증되는 원리도 있다. 모든 문
화는 대부분 동의하는 사회적 진실을 폭넓게 받아들인다.
사람들이 반복해 말하는 이야기 속에 종종 담겨 있는 이러
한 사회적 진실은 잠재적인 진실 문장을 구성하는 풍부한
원천이다. 왜 그럴까? 사람들은 그러한 표현에 동의하고,
그것이 삶이나 세상이 존재하는 방식이라고 생각하기 때
문이다. 사회적 진실은 사람과 세상 혹은 특정 환경에 담긴
'진정한 본성'을 설명한다. 그 결과, 우리는 일반적으로 그
러한 원리에 대해 많은 저항을 겪지 않는다.

사람들은 스스로 혹은 서로에게 이러한 문구를 자주 들려주면서 자신이 세상을 바라보는 방식을 은연중 드러낸다. 즉, 그들의 개인적인 진실 문장에서 그런 생각들이 나온다. 속담이 그런 역할을 한다.

- 호미로 막을 것을 가래로 막는다.
- 누이 좋고, 매부 좋다.
- 핑계 없는 무덤 없다.

잘 알려진 속담 외에, 나는 오랜 시간에 걸쳐 경험으로 확인된 몇 가지를 직접 만들어봤다.

- 고통은 장기적인 변화의 적이다.
- 어떻게 보느냐가 무엇을 하느냐를 결정한다.
- 거대한 도약은 튼튼한 기반에서 시작된다.

과학 원리와 마찬가지로, 우리는 이러한 유형의 말을 있는 그대로 혹은 자기 말로 수정해 사용할 수 있다.

→ **해보자**: 진실과 같은 핵심 개념에 대해 들려주는 인용, 격언 그리고 일반적으로 수긍하는 사회적 진실에 대해 브레인스토밍해보자. 이들 중 하나를 있는 그대로 혹은 수정해 사용함으로써 자신의 진실 문장을 작성해보자.

발표된 연구의 결론

우리는 연구를 통해 완전히 새로운 뭔가를 증명한다. 예전에는 불가능했던 것을 가능하게 하는 고유하고 특별한 접근 방식을 만드는 것이다. 혹은 사람들이 예전에는 진실이라고 생각하지 않았던 것이지만 이제는 진실이 된 것을 제시할 수 있다.

내가 함께 일했던 TEDx케임브리지 강연자 디라즈 로이Dheeraj Roy의 진실 문장은 다음과 같다. "초기 알츠하이머를 겪는 쥐에게서 기억 회복 시스템을 강화하는 방법을 찾는다."

이는 세상 돌아가는 방식에 대한 새로운 이해의 장을 연다. 우리가 알츠하이머 질병 치료법을 찾는 연구원이라고 해보자. 예전에는 알츠하이머 질환과 관련해 기억을 되살리는 법이 아니라 기억 유지법에 주목했다면, 이 새 통찰은 외면할 수 없을 정도로 매력적이다.

물론, 전문가 출신의 연구원 대부분은 진실 문장이 그 자체로 '진실'이라는 생각에 불편해한다. 과학은 일반적으로 그와 같은 보편적 진실의 개념에 저항하기 때문이다. 진실 문장이 의미를 주는 것은, 그것이 진실의 순간을 창조하기 때문이다. 나는 다만 편의성 차원에서 이를 줄여 '진실'이라고 부른다. 엄밀함을 소중하게 여기는 사람에게는 여기서 말하는 '진실'을 "사람들이 기꺼이 동의하고 싶어 하는 통찰"로 이해하라고 권한다.

동료들의 검토를 받은, 발표된 연구 결론도 진실 문장이 될 수 있다. 여기서 "발표된" 그리고 "동료 검토를 받은"이라는 요소는 대단히 중요하다. 그것은 당신 없이도 사람들이 정당성을 확인해준다는 의미이기 때문이다.

→ **해보자:** 당신 혹은 조직이 어떤 주제에 대한 중요한 연구를 수행했다면, 발표된 연구의 결론 속에서 진실 문장을 찾아보자.

아이디어가 팔리는 순간

억지로 만들어내는 변화에 주의하라

진실 문장 발견 과정에서 저지르는 공통적인 실수가 있다
(이해할 만한 실수이기도 하다). 해답과 변화를 억지로 만들어
내려고 애쓴다는 것이다.

우리가 고객에게 문제를 제시할 때, 그들은 해답을 원한
다. 하지만 해답을 받아들이기 전에, 그 문제가 행동을 시작
하기에 충분한 문제라는 데 동의해야 한다. 우리는 이 단계
를 건너뛸 수 없다.

가령 당신은 의사가 필요해 처음으로 방문했고, 의사는
진료를 하기 전에 이렇게 묻는다. "일정을 언제로 잡죠?" 물
론 당신의 대답은 이럴 것이다. "음, 잠깐만요…." 내 말에
동의하고 따라오기 전에, 당신은 '왜' 수술이 필요한지 알아
야 한다. 의사가 문제를 제시했다고 해도("등에 점이 있군요.
수술 일정 잡을까요?") 그것만으로는 충분치 않다.

왜 수술이 필요한지 명백하게 알려주는 문제가 무엇인지
확인해야 한다. 내가 의료 전문가라면, 나는 등에 있는 점이
수술이 필요한 것인지 육안으로 판단할 수 있을 것이다. 그
러나 수술을 허락하기 전에 거쳐야 하는 단계가 있다. "이

점은 수술이 필요한 형태로 보입니다. 검사를 받아보시겠어요?"

이 과정에서 당신은 왜 내가 그 문제를 문제라고 생각했는지 이해하게 된다. 그래도 여전히 수술을 결정하려고 하지는 않을 것이다. 그럼에도 그러한 방향으로 나아갈 수 있는 뭔가(검사)를 시도하고자 할 것이다.

불편함을 통해 앞으로 나아가게 만들기

일단 '빨간 실'의 진실을 발견했다면, 고객의 질문과 당신의 대답을 연결하는 모든 조각을 확보한 셈이다. 진실의 순간을 만나면 고객은 다음과 같은 선택의 기로에 놓인다.

▸   내가 원하는 것을 포기해야 할까?(목표)

▸   어떻게 해답을 찾아야 할지 모르겠으니 포기해야 할까?(문제)

▸   나 자신이나 세상에 대해 지금껏 진실이라고 믿었던 것을 포기해야 할까?(진실)

아이디어가 팔리는 순간

이러한 질문은 고객이 해결하기 원하는(그리고 필요로 하는) 내적 갈등을 반영한다. 이는 아이디어로 나아가는 여정에서 중요한 지점이다. 우리는 고객이 불편함을 통해 앞으로 나아가도록 만들어야 한다. 그들이 불편함을 외면하고 이전 생각과 행동으로 돌아가도록 해서는 안 된다. 그래서 다음 단계는 고객에게 다시 안정을 되찾도록 하는 힘을 주는 것이다. 여기서 우리는 고객이 목표를 성취하도록 도움을 줄 선택을 제시해야 한다. 우리 주장을 포함하는 그러한 선택 말이다.

다음 단계에서는 고객이 일으켜야 할 변화를 제시해야 한다. 그들이 이해하든 아니든 간에, 우리는 이미 그들에게 다음에 무엇을 해야 할지에 관한 실마리를 제시했다. 하지만 여기서는 그 해답(즉, 자기 아이디어)을 분명하게 밝혀야 한다.

미로를 헤쳐나가는 방법

'빨간 실'의 진실 문장을 발견하기 위해 다음을 해봤는가?

☐ 자기 아이디어가 드러내는, 문제와 해답을 모두 설명하는 한 가지 핵심 개념을 발견했는가?

☐ 그 핵심 개념을 속담 같은 문장으로 바꿨는가?

☐ 어려움이 있다면, 다섯 번 질문법과 진실의 방정식을 시도해보고, 기존 속담과 과학 세상 혹은 자신이 발표한 연구를 들여다봤는가?

6장

◆

자기 운명을 선택할 권리

목표: 사람들이 자기에게 들려줄 변화의 이야기를 만들게 하자 (그래서 아이디어가 행동이 되고, 나아가 세상도 달라지게 하자).

문제: 이야기를 고객의 것으로 만들기 위해, 목표에 대한 질문에 한 가지 이상의 답을 제시해야 한다. 고객에겐 스스로 자기 운명을 선택할 자율권이 필요하다.

진실: 반직관적으로 들리겠지만, 더 적은 선택이 더 많은 행동으로 이어진다.

변화: 고객에게 그들이 원하고 믿는 것과 조화를 이루는 한 가지 간단한 변화를 제안하자.

행동: 빨간 실의 변화 문장을 작성하자.

모두를
가지려 하면
모두를
잃을지니

—

변화 문장이란 무엇인가?

'변화 문장'이란 간단하게 말해, 당신의 아이디어, 즉 고객에 대한 당신의 답변이다. 사고나 행동에서의 고차원적 이동이다. 변화 문장은 다음과 같은 형태를 취한다.

> 목표를 달성하기 위해,
>
> 우리는 _____(~가 필요하다, 혹은 ~해야 한다.)

변화 문장의 좋은 사례들을 소개한다. 밑줄에 들어갈 내용이다.

- 보이지 않는 것을 보이는 것으로 만들어야 한다. 즉, 사람들이 느끼지 못하는 효과를 보이는 결과로 전환해야 한다.
- 빅데이터를 '심층thick' 데이터, 다시 말해 빅데이터가 추적하지 못하는 것에서 끌어낸 자료 및 통찰과 결합해야 한다.
- 이 프로젝트를 우리 콘텐츠를 보는 사람의 수를 늘리고, 콘텐츠가 만들어내는 매출을 통해 성과 역량을 높이는 방향으로 만들어야 한다.

- 지위에 따라 직원들의 인센티브를 맞춤화해야 한다.
- 우리 몸속에 여전히 두려움으로 존재하는 과거 경험의 흔적을 제거해야 한다.
- 두려운 일을 매일 '의도적으로' 해야 한다.
- 다양한 차원의 리더십, 즉 모든 직급에 적용할 수 있는 리더십을 개발해야 한다.

"다이아몬드는 영원하다"라는 드비어스의 광고 문구는 사람들이 결혼반지와 관련해 스스로 들려주는 이야기에 큰 변화를 이끌어냈다. 다시 말해 드비어스는 사람들이 다이아몬드를 단지 보석이 아니라 상징으로 인식하도록 했다. 그들은 이러한 변화를 통해 "다이아몬드는 영원하다"라는 진실이 가져온 갈등을 해결했다.

우리는 서로에 대한 약속을 최고로 상징하는 것이 무엇인지 알고 싶어 한다. 우리가 아는 여러 장애물이 있을 텐데, 실질적인 문제는 반지가 그저 상징일 뿐이라는 데 있다. 게다가 어떤 반지를 끼든 큰 관계가 없다는 사실이다. 우리는 다이아몬드가 영원하다는 것은 사실이라는 데 동의한다. 따라서 목표를 달성하

아이디어가 팔리는 순간

기 위해 우리는 다이아몬드를 단지 보석이 아닌 상징으로 바라보게 해야 한다.

"다이아몬드를 상징으로 바라보기"라는 변화를 통해 약혼한 커플이 (1) 약속에 대한 '최고' 상징을 준비하고, (2) 반지를 통해 이를 드러내고, (3) "다이아몬드는 영원하다"에 담긴 말 그대로의 그리고 은유적인 해석을 믿도록 했다. 실제로 그러한 개념 조합은 커플들이 이미 자기에게 들려주는 이야기의 업그레이드 버전처럼 느껴지도록 했다. "우리의 약속은 이제 '더욱더' 영원해. 반지에다가 다이아몬드까지 있으니!"

"다이아몬드를 상징으로 바라보세요." 드비어스는 이렇게 공공연하게 주장하지 않았다는 점에 주목하자. 그들은 "다이아몬드는 영원하다"라는 광고 문구만으로 충분했다. 나머지는 고객이 알아서 채웠던 것이다. 이처럼 사람들이 당신의 중요한 아이디어에 따라 행동하도록 만들려면, 그저 운에 맡겨둬서는 곤란하다.

자기 결정권을 존중하라

변화는 즐거운 일이다. 앞서 말했듯 우리는 변화 자체를 만들어내진 못한다. 다만 변화의 조건을 만들어낼 수 있을 뿐이다. 우리는 진실 문장을 가지고 그 일을 했다. 우리는 고객이 해소하려는 갈등을 오히려 드러냈다. 고객에게 그들이 추구해야 할 변화를 제시했다.

변화 문장의 기준

1. 변화 문장은 문제에 대한 단순한 반전이 아니라, 지금까지 나온 모든 것의 결론이다.

2. 그러므로 다른 세 문장에서 가져온 논리와 개념, 표현을 활용한다.

3. 문제 쌍을 이루는 두 부분 사이에서 긴장을 해소한다.

4. 사고나 행동에서 오직 한 가지 변화를 제시한다.

5. 다음에 우리가 이끌어낼 행동과 논리적으로 조화를 이룬다.

6. 고객의 출발점을 고려할 때, 현실적이어야 한다.

여기서 고객에게 '변화하지 않는' 선택권을 준다면?

고객에게 변화를 '외면할' 선택권을 줄 때, 우리가 추구하는 변화를 선택할 가능성은 더 높아진다. 반직관적으로 들리겠지만, 우리 뇌는 그런 식으로 작동하기 때문이다.

변화를 위한 중요 조건 중 하나는 자기 자신, 자신의 삶 혹은 자기 선택에 통제력이 있다고 느끼는 것이다. 심리학자들은 이것을 '자율권'이라고 부른다. 행동이나 변화에서 자율권은 대단히 중요하다. 선택의 여지가 없다고 느낄 때, 강요된 일을 해야만 할 때, 사람들은 한 걸음 물러선다. 어릴 적 부모나 보호자가 뭔가를 시켰을 때, 당신 역시 이러한 느낌을 받았을 것이다. 비록 자신이 원했던 일이라고 해도, 해야만 한다는 사실은 거부감을 자극한다. 이러한 본능은 세월이 흘러도 사라지지 않는다.

지시받을 때 거부감을 느끼는 이러한 성향은 빨간 실과 관련해 우리가 조심해야 하는 부분이다. 그래서 우리는 고객이 이미 원하는 것으로 시작했다. 또한, 고객의 기존 관점을 인정하는 방식으로 문제의 틀을 정의했다. 게다가 우리 존재와 무관하게 참이라고 확인되는 진실을 선택했다. 그러므로 여기 결론(변화)에 이르러서도 사람들의 "아니오"를 어떻게든 피해야 한다. 그리고 이를 위해 사람들에게 선택권을 허용해야 한다.

그러나 지나치게 많은 선택권은 금물이다. 우리 뇌의 웃긴 특성 때문이다. 더 많은 선택권을 줄수록 사람들은 선택하지 않으려고 한다.[12] 왜 그럴까? 머릿속에 수많은 '아니오'가 떠다니는 상태에서 사람들은 자신이 똑똑하고, 유능하고, 선하다고 느끼도록 해주는 것에 더 집착한다. 다시 말해, 사람들은 이미 하고 있는 것을 고수한다. 비록 그것이 성공적인 것이 아니라고 해도 말이다.

이런 진실은 우리에게 딜레마를 안겨준다. 사람들에게서 선택권을 빼앗으면 그들은 우리 아이디어를 거부할 가능성이 높다. 하지만 너무 많은 선택권을 주면 현재 상태를 고수하려 든다.

그렇다면 어떻게 해야 할까? 그들이 원하고 믿는 것과 조화를 이루는 '한 가지' 단순한 선택권을 제시하자. "사람들이 느끼지 못하는 효과를 보이는 결과로 전환하기"라는 변화를 어슈어가 제시했을 때, 고객은 그것을 단일하고 논리적인 결론으로 받아들였다. 당장에 효과를 느끼지 못하는 치료를 환자가 계속 받고, 검사 연기는 현명한 선택이 아니며 "보는 것이 믿는 것"이라는 말을 믿게 하고 싶다면, 의사는 결과를 눈에 즉각 보이도록 선택권을 제시해야 하며, 이것이 논리적으로 그리고 감정적으로 바른 방향으로 보인다. 어슈어의 접근 방식은 이 논리를 따랐고, 의사들은 인정했다.

우리의 빨간 실은 아이디어를 위한 것이므로, 우리가 제시하는 변화는 곧 우리 아이디어와 같다. 그리고 변화는 고객의 질문에 대한 우리의 해답(그들의 목표)이다. 우리는 고객이 이미 동의한 것이 진실이라고 했으므로, 고객은 우리가 제시한 변화에 동의할 것이다.

하지만 단순해야 한다. 고객에게는 한 가지 거대한 질문이 있고, 그들은 (대여섯 가지가 아닌) 하나의 거대한 답변을 찾고 있다. 이를 위해 변화를 이끌 다양한 제품을 제안할 수도 있고 혹은 우리가 제시하는 모델 속에 다양한 단계가 있을 수 있지만, 먼저는 아이디어의 근본 의미에 사람들이 동의해야 한다. 그러한 의미를 제시함으로써 우리는 고객에게 그들이 추구하는 해답을 들려줄 수 있다.

그렇다. 고객은 우리가 제시하는 변화에 동의하지 않을 수 있다. 하지만 우리는 그들에게 선택권을 줬다. 그들의 자율권을 존중하고 지지하려면 그래야만 한다. 고객이 눈앞의 증거를 외면하고, 자신이 원하는 뭔가를 거부하고 혹은

자신의 선택에 대해
통제력을 갖고 있다고
느끼는 데서 변화가
시작된다

—

자신이 믿는 것을 부정하게끔 허용한다면 우리가 제시한 변화를 선택할 가능성은 오히려 더욱 높아진다.

변화 문장 작성법

변화 문장은 작성하기 쉬워야 한다. 결국, 자기 아이디어이기 때문이다. 그럼에도 내 고객들은 때로 이 단계에서 어려움을 겪는다. 목표 달성을 위해 선택지를 다수 제시하려 하기 때문이다. 하지만 변화 문장을 작성하는 과정은 지극히 단순해야 한다.

→ **해보자**: 고객의 목표 달성에 도움이 되는, 사고나 행동에서 필요한 변화 한 가지를 확인하자. (힌트: 우리는 "자기 아이디어는 무엇인가?"라는 질문에 답변하면서 이미 확인했다. 1장으로 돌아가 그 질문에 대한 자신의 답변을 살펴보자.)

그 아이디어가 '빨간 실'의 일부로 기능한다면(아마 그럴 것이다) 자기에게 이렇게 물어보자. "내가 제시했던 목표와 문제, 진

실과 조화를 이루도록 만들려면 어떻게 수정해야 할까?" 자신
의 대답을, 변화 문장의 기준을 충족시키는 형태로 바꿔보자.

긴장 해소하기

변화를 발견하기 위해 문제 쌍의 두 부분 사이에서 긴장
을 해소해보자. 예를 들어, 고객인 트레이시 팀의 빨간 실
의 문제 쌍은 이랬다. "사람보다 지위에 더 집중하는 관리
자들." 트레이시는 "지위가 제 역할을 하게 만드는 것은 사
람 때문이다"라고 봤기 때문에(진실 문장), 그녀는 다음과 같
은 변화로 긴장을 해소했다. "지위에 따라 인센티브 맞춤화
하기. 기능이나 직급과 연동해 선택권 제안하기."

"지위에 대한 집중을 중단하고 대신에 사람에게 집중하
라"라고 하지 않고(이는 문제를 단지 거꾸로 뒤집은 것에 불과하
다), 그녀는 문제를 바라보는 두 관점을 확인했다. 문제는
이제 해결되었고, 고객의 목표를 달성할 분명한 방법이 존
재하며, 그 모든 것은 고객이 이미 믿고 있던 진실과 조화를
이룬다("지위가 제 역할을 하게 만드는 것은 사람이다").

→ **해보자**: 두 부분으로 이뤄진 문제 문장을 다시 들여다보고 자

기에게 이렇게 물어보자. "두 가지 관점을 조합하기 위해 사람들은 어떻게 달라져야 할까" 그 대답을 변화 문장의 기준을 충족시키는 형태로 바꿔보자.

행동을 드러내라

위에서 소개한 접근 방식을 취했는데도 즉각적인 결과를 만들어내지 못했다면, 다음 장으로 넘어가자. 고객이 취하기를 바라는 행동을 이해할 때, 변화를 더 쉽게 발견할 수 있다. 앞서 논의했던 '메시지 방정식'으로 돌아가보자.

목표 + 문제 + 진실 = 아이디어(변화)

이제 여기에 한 가지 정보를 추가할 수 있다.

목표 + 문제 + 진실 = 아이디어(변화) = 행동

변화가 목표와 문제, 진실의 합계와 같은 것이라면, 변화는 또한 행동과도 같다. 다시 말해, 당신이 제시한 행동을 사람들이 실행하면 그들은 변화될 것이다.

예를 들어, 애자일셰파스^{AgileSherpas}의 CEO 안드레아 프라이리어는, 기업들이 '애자일 프랙티스^{Agile practice}'를 마케팅 접근 방식에 적용해 신속한 소프트웨어 개발을 할 수 있도록 도움을 주는 검증된 모델(Marketing Agility Ascension)이 있었다. 그 모델은 네 개의 분명한 단계(행동)를 취하도록 되어 있었는데, 기준을 확인하고 파일럿 프로젝트를 계획하는 것과 같은 과제로 시작해 내부 챔피언 훈련, 이전 및 이후 성과 측정을 비교하는 과제로 이어졌다.

안드레아는 그들의 모델이 무엇인지 그리고 고객을 위해 무엇을 하는지(애자일 프랙티스를 마케팅에 적용하도록 돕기)를 알고 있었음에도, 이를 뒷받침하는 '빅데이터'를 어떻게 설명해야 할지 몰랐다. 즉, 고객과 시장에 대해 그것이 어떤 변화를 제시하는지를 몰랐다. 그래서 우리는 그 변화를 발견하기 위해 작은 '메시지 방정식'을 실행했다.

안드레아의 고객은 애자일 프랙티스를 받아들이려는 마케팅 관리자들이었다. 다음은 우리가 작성한 빨간 실 문장이다.

> 우리는 모두 애자일 프랙티스를 마케팅 업무에 적용하는 방법을 알고 싶어 한다.(목표) 여러 문제가 있지만, 실질적인 문제는

아이디어가 팔리는 순간

애자일 팀 대신에 애자일 프로젝트에 관심이 집중되어 있다는 것이다.(문제) 하지만 우리는 프로젝트가 끝난 후에도 사람들은 오랫동안 남는다는 것이 진실이라고 동의한다.(진실)

변화를 이야기할 때는 다음을 포함해야 한다.

‣ 프랙티스에 관한 것
‣ 프로젝트와 팀 사이의 긴장을 해소했던 것
‣ 시간이 흘러도 남는 가치에 대한 언급

그리고 이는 다음과 같은 변화 문장으로 이어졌다. "애자일 프랙티스의 파트타임 파일럿 대신에 애자일 전문가들의 지속적인 팀을 구축하자." 그들의 모델은 애초에 이것을 위해 설계되었다.

당신 상황이 안드레아와 비슷하고 어떤 행동을 이끌어내야 하는지 이해했다면, 심리적 차원에서 한 걸음 물러서서 자기에게 필요한 변화가 무엇인지 물어보자.

→ **해보자**: 자신의 행동들을 모아놓고 자기에게 물어보자. "사람

들이 이런 행동을 하면, 그들이 어떻게 달라질까? 이러한 행동은 사고나 행동에서 어떠한 변화가 일어났음을 보여주는가?"

그 대답을 변화 문장의 기준을 충족하는 형태로 바꿔보자.

지금쯤 당신은 변화가 가능한 지점에 가까이 다가섰을 것이다. 고객의 목표 질문에 어떤 답을 해야 할지 확인했다. 수많은 선택권 대신에 한 가지 단순한 선택을 제시했다.

고객은 이제 당신이 제시한 변화를 '원해야' 한다. 이것을 행동으로 옮기고 싶어 해야 한다. 다음 장에서 변화를 구체적으로 일으키는 법을 알아보자.

미로를 헤쳐나가는 방법

빨간 실의 변화 문장을 확인하기 위해, 다음을 실천했는가?

☐ 고객이 목표를 달성하도록 도움이 되는 생각이나 행동에서 달라져야 할 한 가지 변화 포인트를 꼽는다면?

☐ "당신의 아이디어는 무엇인가?"라는 질문에 뭐라고 답했는지 확인했는가? 어려움을 겪고 있다면, "메시지 방정식"을 활용해 자기 행동에 적용해보라.

7장

◆

활용 가능한 제품과 서비스 패키지

목표: 사람들이 자기에게 들려줄 변화의 이야기를 만들게 하자 (그래서 아이디어가 행동이 되고, 나아가 세상도 달라지게 하자).

문제: 이야기가 행동을 자극하려면, 왜 변화가 필요한지 아는 데 그치지 말고 변화를 만들어내는 방법까지 설명해야 한다.

진실: 세부 사항은 개념을 구체적으로 만든다.

변화: 세부 사항을 활용해 아이디어를 따라 행동하기에 충분한 정보를 제공하자.

행동: 행동의 집합을 만들어보자.

상상 속
방앗간으로는
밀가루 한 줌도
얻지 못한다

—

행동이란 무엇인가?

'행동'은 "어떻게…?"라는 질문에 대답한다. 여기에는 다음 질문이 포함된다. "내가 이 변화를 어떻게 만들어낼까?", "그렇게 하도록 날 도와줄 수 있겠어?", "내가 성공했는지 어떻게 알 수 있지?" 고객을 위해 구체적인 변화를 가져온다는 점에서 행동은 변화에 필수 요소다. 아이디어를 활용 가능한 제품이나 서비스 패키지로 개발했다면, 이미 행동으로 옮긴 셈이다.

행동은 변화 문장을 따라 나오며, 다음과 같은 형태를 취한다.

> 그 방법은 다음과 같다.
>
> _____.

행동 문장과 행동 집합(다중 행동) 사례를 보자.

‣ 환자 방문 시 기관이 관리하는 간단한 소변 검사 키트를 개발하라.

- 이야기, 감정, 상호작용처럼 정량화가 어려운 데이터를 수집하고 해석하라.
- '뉴스레터 편집자'라는 새로운 역할을 만들어라.
- 네 가지 단계를 수행하라. (1) 과거 경험을 확인하고 해결하기. (2) 자기에게 말하는 이야기 속에서 사용하는 언어 바꾸기. (3) 관심의 중심이 되는 즐거움의 느낌 얻기. (4) 새롭고 긍정적인 느낌을 받아들이는 역량 키우기.
- 기능이나 직급과 연동된 '선택권'을 제공하라. 예를 들어, 하위 직급은 매월 하루 재택근무나 추가적인 휴가 사이에서 선택할 수 있다. 상위 직급은 매월 3일 재택근무를 선택할 수 있다.
- '집중 → 에너지 → 행동 → 반복'의 요소로 구성된 두려움 퇴치 실험을 수행하라.
- 팀이 "기여자, 코치, 개발자, 개척자"라는 네 단계를 통해 발전하도록 도움을 주어라.

드비어스의 다이아몬드 반지 사례에서, 우리가 구축해왔던 가상의 행동 단계는 단순하다. "다이아몬드 결혼반지를 구매하라." 지금까지 만들어 온 빨간 실 문장에 이 부분을 추가해보자.

　　　　　　　　아이디어가 팔리는 순간

우리는 서로에 대한 약속을 최고로 상징하는 것이 무엇인지 알고 싶어 한다. 우리가 아는 여러 장애물이 있을 텐데, 실질적인 문제는 반지가 그저 상징일 뿐이라는 데 있다. 게다가 어떤 반지를 끼든 큰 관계가 없다는 사실이다. 우리는 다이아몬드가 영원하다는 것은 사실이라고 동의한다. 따라서 목표를 달성하기 위해 우리는 다이아몬드를 단지 보석이 아닌 상징으로 바라보게 해야 한다. 그 방법은 다이아몬드를 결혼반지로 사게 하는 것이다.

시간이 흐르면서 그리고 광고 문구가 뿌리내리면서 드비어스는 '영원한'을 모든 종류의 확장에 적용했다. 예를 들어, 다이아몬드는 아이들의 생일, 기념일 그리고 심지어 비혼식을 축하하기 위한 방식이 되었다. "다이아몬드는 영원하다"라는 문구를 만들기 전에, 드비어스는 "4C"(컬러 color, 멋 cut, 투명함 clarity, 보석 무게 carat weight)로 행동 방식을 개발했다. 드비어스는 이를 발명하고 대중화했다.[13] 또한 반지에 얼마나 많은 돈을 써야 하는지(또 다른 행동)에 대한 일반적인 기준을 퍼뜨렸다. 1930년대에 그 금액은 한 달 치 월급이었다. 1980년대에는 두 달 치 그리고 지금은 석 달 치다.[14]

행동 문장의 기준

1. 행동은 변화를 구체적으로 만드는, 한 가지 이상의 구체적인 요소를 포함한다.

2. 행동은 절차, 요소, 기준, 범주로 구분할 수 있다(이 유형에 관한 더 자세한 이야기는 아래에 있다).

3. 행동은 개념 그리고 목표와 문제, 진실의 언어와 다시 연결된다.

이해에서 행동으로

아이디어를 행동으로 전환하기는 빨간 실을 구성하는 핵심이다. 사실, 목표 달성을 위해 고객이 취해야 할 행동을 정해주면, 우리는 '빨간 실'로 무엇을 얻게 되는지 측정할 수 있다. 고객이 당신의 요청에 반응해서 어떤 행동을 한다면, 우리는 성공을 거둔 것이다. 반응하지 않는다면 … 할 일이 더 남은 것이다.

내가 봤던 많은 콘텐츠는 아이디어를 '이해'하는 단계에서 멈춘다. 콘텐츠 개발자는 아이디어를 설명하기 위해 여러 정보를 제시하지만, 고객이 행동하게 만들기에는 충분하지 않다. 뭔가를 개념적으로 이해하는 것과 그것을 실제로 경험하는 것 사이에는 거대한 간극이 있다. 메리엄-웹스터 사전을 보며 복숭아는 "딱딱한 하나의 씨앗, 흰색이나 노란색 과육 그리고 얇은 껍질로 이뤄진 과일"이라는 사실을 알게 된 것과 처음으로 복숭아를 맛보는 것 사이의 차이라고나 할까?

그런데 누군가가 당신의 아이디어를 처음 읽고 들었다면 그 경험을 어떻게 자기 것으로 만들 수 있겠는가? 경험을 창조하려면 변화를 최대한 그들 경험에 가까운 것으로 설명해야 한다.

누군가가 복숭아를 전에 먹어본 적이 없다면, 복숭아를 먹는 경험에 관해 더 많은 정보를 제공할수록 그들은 더욱더 복숭아를 먹어보려고 할 것이다. 그러나 "씨앗이 하나인 과일" 같은 정보로는 어림도 없다. 좀 더 구체적이어야 한다. 고객이 예전에 해봤던 경험과 연결할 수 있다면 더 좋다. "오렌지와 비슷하지만 체리처럼 부드러운 과육", "파인애플처럼 달콤해." 거기에 약간의 실용적인 정보를 더한다. "껍질도 먹을 수 있다." "가운데 씨가 있어서 주위로 먹는다." "즙이 많이 나오니 싱크대 위에서 먹는 게 좋다." 더 많은 세부 정보를 줄수록 가상의 경험은 더 구체적으로 변한다.

그러한 경험을 만들어내고 고객의 행동 변화를 이끌어내려면 세 가지를 동의해야 한다.

첫째, 당신이 추천하는 변화를 기반으로 목표를 달성하는 일이 '가능하다'는 믿음이다. 그러므로 우리는 고객에게 사례를 제시해야 한다. 그들은 자신이 원하는 목표를 달성하도록 도움을 주는 제품, 서비스 혹은 아이디어에 대한 이야기와 증언을 읽고, 보고, 들어야 한다.

둘째, 고객은 '그들에게' 가능한 일이라는 사실을 믿어야 한다. 우리는 고객과 그들의 구체적인 상황을 기반으로 다른 사람의 경험을 그려내야 한다. 여기서 아이디어에 대한 시연은 도움이 된다. 가령 고객에게 그 아이디어가 삶의 어느 지점에서 쓸모가 있을지 상상해보라는 간단한 질문만으로도 가능하다.

셋째, 고객은 그 행동이 '그만한 가치가 있다'라는 사실을 믿어야 한다. 당신이 누군가에게 생각과 행동을 바꾸도

아이디어가 팔리는 순간

록 요구할 때마다, 당신은 말 그대로 그들에게 두뇌 구조를 새롭게 하라고 말하는 셈이다. 잠재 고객과 이야기할 때, 당신은 또한 그들에게 돈을 사용하라고 요청하는 것이다. 여기서 고객은 변화를 통한 이익이 변화 후 위험이나 비용을 능가한다고 느껴야 한다. 위험과 비용에는 노력이나 예산, 시간 혹은 평판 등이 있다. 여기서 고객은 위험-보상 방정식을 판단하기 위해 충분한 세부적인 정보를 필요로 한다. 그러한 세부 정보는 변화를 보다 구체적이고 실천 가능한 것으로 만든다. 이러한 정보는 곧 빨간 실의 행동이다.

행동을 만들어내는 방법

단계 1: 행동 유형에 대해 브레인스토밍을 하자

행동은 크게 네 가지 유형으로 분류된다. 그것은 절차와 요소, 기준 그리고 범주다. 어느 것을 선택할지는 적용 대상과 고객, 결과에 달려 있다.

예를 들어 자기 아이디어가 인공지능(AI)와 관련 있다고 해보자. 기조연설이나 TEDx 토크를 위한 행동은 고객이 인공지능에 관심을 기울이도록 만드는 단계다(현재 작업 중인 반복적인 과제를 확인하고, 이러한 과제를 수행하는 인공지능 제품과 서비스를 조사하고, 그중 흥미로운 주제를 하나 선택하는 등). 투자자 대상 연설의 경우, 그들에게서 행동을 이끌어내야 함을 기억하자. 그들은 당신이 그들에게 제시하는 변화를 만들어낼 '역량'이 있고, 그러한 변화가 가능하다는 사실을 믿어야 한다. 여기서 행동은 고객의 목표를 달성하도록 도움을 주기 위해 당신이 제안한 제품과 서비스를 의미한다. 이 부분을 성공적으로 설명했다면, 투자자들이 다음 단계를 따라오게 할 수 있다.

몇몇 고객 사례에서 우리는 행동에 대해 브레인스토밍을 하면서 아이디어의 범위를 훨씬 더 깊이 이해하고, 상징적으로 내세울 수 있는 새 모델을 확인하며, 제품과 서비스를 위한 아이디어를 내놓을 수 있었다. 그러므로 각각의 행동 유형을 연구하자.

'절차 행동Process action'이란 변화를 만들어내기 위해 필요한 일련의 단계를 말한다. 절차 행동은 일반적으로 순서대로 설명된다. 멈추고, 눕고, 구르는 행동은 불이 났을 때 대응하는 방식이었다. 이 책에서 제안하는 빨간 실 접근 방식

아이디어가 팔리는 순간

은 그 자체로 하나의 절차가 될 수 있다. 순서대로 목표와 문제, 진실, 변화 그리고 행동 발견하기.

→ **해보자**: 절차 행동을 발견하기 위해 자기에게 이렇게 묻자. "변화를 만들어내기 위해 어떤 단계가 필요한가?"

다음으로 '요소 행동component action'이다. 변화를 일으키는 데 필요한 것을 설명한다는 점에서 순서에 상관없이 일어난다. 요소 행동은 거의 언제나 명사로 설명된다. 예를 들어, 내가 웨이트와쳐스 리더였을 때, 문제는 세 가지 요소로 구성되어 있었다. 그것은 음식과 활동 그리고 마음가짐이었다. 세 가지 모두 "더 건강한 라이프스타일을 누리며 살아가기"(변화) 위해 필수적이다. 하지만 이들은 순서대로 일어날 필요는 없다. 가령, 활동으로 시작해서, 음식, 다음으로 마음가짐으로 넘어갈 필요는 없다. 우리는 세 가지를 한꺼번에 실행할 수 있으며, 어느 것을 해도 도움이 된다. 또 다른 예로는, "우리가 변화를 만들어내는 방식: 컨설팅, 출판 그리고 훈련"처럼 요소 행동을 통해 제안과 제품 혹은 서비스를 설명할 수 있다.

→ **해보자**: 요소 행동을 발견하기 위해 자문해보자. "어떤 요소가 필요한가? 순서에 상관없이, 실천하려면 무엇이 필요한가?"

그리고 '기준 행동 criteria action'이다. 기준 행동은 마치 여름날을 "덥고, 햇볕이 강하고, 축 늘어지는"이라는 표현으로 설명하는 것과 비슷하다. 기준 행동은 일반적으로 '형용사'로 설명된다. 예를 들어, 나는 종종 성공적인 메시지는 네 가지 기준을 충족한다고 설명한다. 즉, 중요하고, 유연하고, 주목할 만하고, 반복 가능해야 한다.

→ **해보자**: 기준 행동을 발견하기 위해 자문해보자. "성공적인 변화는 어떤 특성으로 설명할 수 있을까?"

마지막 유형은 '범주 행동 category action'이다. 이는 변화를 적용해야 하는 영역(부서, 직급, 단계…)과 관련된다. 당신은 범주 행동을 활용해 조직의 다양한 영역(세일즈 부서 대 마케팅 부서) 혹은 삶에서 변화가 어떻게 드러나는지 설명할 수 있다.[15]

아이디어가 팔리는 순간

66

세부 정보는
개념을
구체적으로
만든다

→ **해보자**: 범주 행동을 발견하기 위해, 자문해보자. "어떻게 하면 변화를 총체적으로 적용할 수 있을까? 변화를 적용할 수 있는 영역은 어디 어디인가?"

단계 2: 자기 유형 선택하기

행동 선택권을 브레인스토밍했다면, 일반적으로 당신이 적용하기에 가장 적합한 유형이 몇 개 떠오를 것이다. 이 단계에서 해야 할 일은 그중 하나를 선택하는 것이다!

→ **해보자**: 어떤 행동 유형을 활용할지 선택하라(브레인스토밍 과정을 기록하자. 미래의 적용에 필요하다).

뚜렷하게 떠오르는 게 없다고 해도 걱정하지 말자. 그냥 다음 단계로 넘어가자. 추가로 수정하다 보면 선택이 좀 더 분명해진다.

단계 3: 선택의 폭을 좁히자

선택의 폭이 넓을수록 변화 가능성은 떨어진다는 말 기억나는가? 어떤 유형이든 다섯 가지를 넘지 않도록 좁히길

아이디어가 팔리는 순간

권한다. 가능하다면 마법의 숫자 3을 따르자. 사람들은 그 이상을 오래 기억하는 것을 어려워하기 때문에 중요한 정보에만 집중하도록 하자.

고객에게 일곱 혹은 열두 가지 단계를 제시할 수는 있겠지만, 요소와 단계가 많을수록 우리는 더 많은 것을 설명해야 한다. 이런 과정은 워크숍이나 책에 더 적합하다. 시간과 공간이 제한적이라면 행동 목록을 간결하게 유지하자.

단계 4: 이름을 붙이고 소유권 주장하기

행동 집합이나 모형에 이름을 붙여보자. 작업 중이던 아이디어 모형을 '빨간 실'이라고 부르면서 내가 했던 일이다. 고객 테드 마는 리더십 4단계 모형으로 작업하면서 그것을 '다중 리더십'이라고 이름 붙였다.

이름은 모든 곳으로부터 올 수 있다. 기존 브랜드 작업에서 소개했던 표현이나 일상 표현, 은유로부터 빌려올 수도 있다.

→ **해보자:** 행동 집합에 붙일 이름을 정하자. 자신의 '빨간 실'이나 중요한 은유, 관용구, 다양한 표현 그리고 브랜드 작업에서 지

금까지 사용했던 표현을 살펴보자.

이런 과정이 반드시 필요한 것은 아니지만, 자기 과제를 차별화시키는 데 큰 도움이 된다.

조합하고, 결합하고, 극대화하기

모름지기 훌륭한 메시지는 중요하고, 유연하고, 주목할 만하고, 반복 가능해야 한다. 실제로 우리는 다양한 행동 유형을 "조합 및 결합"할 수 있으며, 때로는 그래야만 한다. 예를 들어, 나는 '빨간 실'을 만들기 위한 다섯 단계 절차를 제시했다. 목표와 문제, 진실, 변화 그리고 행동 발견이다. 그리고 변화를 성공적으로 이끌어내기 위한 기준을 설명했다. 9장에서는 두 가지 서로 다른 범주에서 '빨간 실' 문장 재구성과 긴장 개선법을 설명할 것이다.

메시지가 간결하고 변화가 단순하다면, 그것을 굳이 복잡하게 만들지는 말자!

미로를 헤쳐나가는 방법

'빨간 실' 행동을 발견하기 위해 무엇을 시도해봤는가?

☐ 네 가지 행동 유형에 관해 브레인스토밍을 해봤는가?

☐ 자신의 적용 분야에 어떤 행동 유형이 가장 적합할지 결정했는가?

☐ 행동 집합을 1~5가지 선택지로 축소해봤는가?

☐ 행동에 이름을 붙이거나 그것을 모형으로 만드는 법을 고려해봤는가?

8장

◆

목표를 다시 살펴보자

목표: 사람들이 자기에게 들려줄 변화의 이야기를 만들게 하자 (그래서 아이디어가 행동이 되고, 나아가 세상도 달라지게 하자).

문제: 훌륭한 이야기는 사람들이 원하는 것과 그들이 필요로 하는 것 사이에서 적당한 긴장을 만들어낸다. 해피엔딩은 그러한 긴장이 해소된 상태다.

진실: 인간은 해피엔딩을 사랑한다. 사람들은 현명하고 유능하고 좋은 이야기를 기대하기 때문이다.

변화: 고객에게 해피엔딩을 보여주고, 그 과정에서 그들이 얻게 될 베네핏이 확실히 느껴지게 하자.

행동: 자신의 목표를 재검토하자.

천릿길도
한 걸음부터

—

목표 재검토란 무엇인가?

고객이 변화를 실행함으로써 얻게 될 또 다른 것을 의미한다. 원래 목표를 넘어선 새로운 가능성 말이다. 목표 재검토는 일반적으로 변화 그리고/혹은 행동에 따라 나온다. 그리고 다음과 같은 형태를 취한다.

> 변화를 통해 목표를 성취할 뿐만 아니라,
> 또한 _____ (~한다.)

밑줄에 들어갈 몇 가지 사례를 살펴보자.

▸ 환자와 의료기관이 맞춤형 치료 계획을 수립하고 더 나은 결과를 만들어내도록 힘을 실어준다.

▸ 비즈니스를 개선하고 산업을 변화시킬 수 있는 통찰을 기업에게 준다.

▸ 우리 조직의 편집 및 재무 과제를 후원할 새로운 매출 흐름을 만들어낸다.

▸ 당신이 주목을 받고 당당하게 자기 자신이 되는 길을 열어준다.

- ▸ (모든 세대의) 뛰어나고 똑똑한 성과자들이 회사로 몰려든다.
- ▸ 후회 없는 삶을 살도록 한다.
- ▸ 리더십 문화를 구축하는 데 도움이 된다.

다이아몬드 결혼반지 사례에서 우리는 목표 재검토 개념을 다양한 방식으로 설명할 수 있다. 일반적으로 드비어스 사례를 언급할 때, 나는 다음과 같은 빨간 실 문장 조합(혹은 다른 형태)을 활용한다.

> 우리는 서로에 대한 약속을 최고로 상징하는 것이 무엇인지 알고 싶어 한다. 우리가 아는 여러 장애물이 있을 텐데, 실질적인 문제는 반지가 그저 상징일 뿐이라는 데 있다. 게다가 어떤 반지를 끼든 큰 관계가 없다는 사실이다. 우리는 다이아몬드가 영원하다는 것은 사실이라고 동의한다. 따라서 목표를 달성하기 위해 우리는 다이아몬드를 단지 하나의 보석이 아닌 상징으로 바라보게 해야 한다. 그 방법은 다이아몬드를 결혼반지로 사게 하는 것이다. 이를 통해 목표를 달성할 뿐만이 아니라, 세대에 걸쳐 이어질 사랑의 유산을 남길 수 있다.

아이디어가 팔리는 순간

드비어스의 성공은 사람들에게 원하는 것(상징)과 더불어 더 많은 혜택을 줬다는 사실로 요약할 수 있다. 다이아몬드는 영원하지만 '모두가 가질 수 있다'. 우리는 드비어스가 새로운 진실을 기반으로 어떻게 대답하고 있는지 이해할 수 있다.

"모든 다이아몬드는 특별하다. … 그래서 당신의 상징은 영원하고 특별하다."

목표 재검토를 하다 보면 기업이 광고에서 활용할 만한 것들이 여럿 나온다.

목표 재검토의 기준

1. 목표 재검토는 고객에게 분명한 가치를 주는 것이어야 한다.

2. 원래 목표의 수준과 범위를 넘어서는 것이어야 한다.

3. 이는 종종 고객의 새로운 잠재 목표를 일깨운다.

빨간 실의 순환고리

베스트셀러 편집자이자 스토리텔링 전문가인 숀 코인Shawn Coyne은 대부분의 훌륭한 이야기는 적어도 한 번에 두 이야기를 들려준다고 강조한다.[16] 주요 이야기는 주인공의 "의식적인 목표"를 중심으로 흘러간다. 즉, 주인공이 원하는 뚜렷한 대상을 향해 나아간다. 목표를 향한 주인공의 욕망은 큰 흐름을 형성하고 이야기가 앞으로 나아가게 한다. 목표 달성을 원하는 고객의 욕망이 '빨간 실'에 대한 관심으로 이어지는 것처럼 말이다.

이야기를 쓰는 동안 눈에 보이지 않는 욕망은 종종 첫 번째 이야기의 표면 아래에서 두 번째 이야기를 만들어낸다. 시대를 초월해 최고의 크리스마스 영화 중 하나인(이에 대해 얼마든지 논쟁할 준비가 되어 있다)《다이 하드》는 우리에게 좋은 사례를 보여준다.

이 영화에서 주 이야기는 존 매클레인이 나카토미 플라자를 장악한 악당과 맞서 싸우는 것이다. 그리고 두 번째 이야기는 존과 소원해진 아내 홀리와의 관계에 관한 것이다. 홀리는 악당들에게 인질로 잡힌다. 두 이야기 사이의 상호

당신의 아이디어는
다시 돌아와
처음과 연결되고
나서야
비로소 끝난다

―

작용은 시나리오에(그리고 솔직히 말해 모든 이야기에) 흥미와 깊이를 더한다.

이러한 이야기의 소비자로서 우리는 두 이야기가 동시에 진행된다는 사실을 인식하지만, 일반적으로 마지막이 되어서야 두 번째 이야기가 있었다는 사실을 깨닫는다. 종종 두 번째 이야기의 끝은 우리 마음을 잡아끈다. 그 이야기로 우리가 기뻐하거나 절망한다.

이야기 속에서 등장인물은 때로 원하는 것을 얻지만 다른 소중한 것을 잃는다(가령 항상 원했던 인기를 얻지만 삶에 대한 애정은 잃는다). 그럴 때 '승리'는 공허하게 느껴진다. 또는 등장인물이 원하고 필요로 하는 것을 모두 얻지 못할 때, 우리는 그 인물에게 무슨 일이 일어날지 확신하지 못한다. 등장인물이 원하고 필요로 하는 모든 것을 얻는다면, 우리는 기쁠 것이다. 마치 아침 시리얼 상자 안에서 예상하지 못했던 '사은품'을 발견한 것처럼 말이다. 세스 고딘의 말을 빌리면[17] 이는 추가 보너스와 같다. 인간은 이러한 유형의 해피엔딩을 사랑한다. 우리가 갖고 있던 기대를 만족시키기 때문이다.

아이디어라는 이야기는 다시 돌아가 처음과 연결되고 나

아이디어가 팔리는 순간

서야, 즉 고객이 애초에 추구했던 목표와 연결되고 나서야
비로소 끝난다. 빨간 실을 찾아가는 여정이 선형적인 듯 보
이지만(목표⇒문제⇒진실⇒변화⇒행동) 빨간 실 이야기의 흐름
은 결국 원을 이룬다(그림 3).

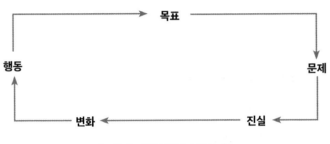

[그림 3] '빨간 실'의 순환 고리

고객은 목표로 되돌아가 질문에 대한 대답을 얻었는지
확인한다. 그 안에 '사은품'이 있다. 새로운 혜택이 주는 추
가 보너스, 새롭게 던지는 질문, 우리의 탐구를 기다리는 새
여정은 아이디어가 펼쳐내는 이야기의 에필로그 역할을 한
다. 고객에게는 이야기가 끝나고 무엇이 오는지, 이제 그들
에게 무엇이 남았는지를 보여준다.

목표 재검토 방법

목표 재검토로 고객이 변화를 일구어내면 다음에 무슨 일이 벌어질지 보이기 시작한다. 그들이 지금 있는 곳을 넘어 혹은 그들이 전에 마음에 담아두고 꿈꿔왔던 것을 넘어 어디까지 뻗어나갈 수 있는지를 보여준다.

→ **해보자**: 자문해보자. "고객이 변화를 통해 목표를 성취한다면 그 밖에 무엇을 얻고, 성취하고, 이룰 수 있겠는가?" 당신이 준비한 최고의 대답을 목표 재검토 기준을 만족시키는 문장으로 바꿔보자.

언제 고객의 목표를 정의했는지 기억나는가? 당신 생각에 그들이 원하는 것이 아니라, 실제로 그들이 원하는 것을 발견해야 한다고 말했다. 목표 재검토를 통해 우리는 고객이 진정 원하거나 필요로 하는 것을 보여줄 수 있다.

3장에서 고객의 목표를 발견 과정에서 수행했던 브레인스토밍을 돌아보자. 또 그들의 질문 뒤에 있는 고차원적인 '바람'에 관해 생각하며 기록해뒀던 자료는 어떤가? 예를

아이디어가 팔리는 순간

들어 "환자의 결과를 어떻게 개선할 수 있을까?", "수익성을 어떻게 높일 수 있을까?", "공동체의 참여를 어떻게 이끌어 내고 그에 적합한 정보를 제공할 수 있을까?" 그러한 바람이 아직까지 목표로 전환되지 않았다면, 목표 재검토를 위한 좋은 후보가 된다.

→ **해보자**: 목표 문장에 대해 수행했던 브레인스토밍 자료를 다시 살펴보면서 목표 재검토 기준을 충족시키는 목표나 질문을 찾아보자. 최고의 대답을 목표 재검토 문장으로 바꿔보자.

감정에게 말하기

"행동 개시 요청 call to action"이라는 표현을 들어본 적 있는가? 고객이 목표를 달성하도록 사람들에게 주는 구체적인 요청을 말한다.

인간은 합리적인 의사결정자가 아니다. 오히려, 인간은 자신의 의사결정을 사후 합리화하는 존재다. 우리는 직감과 감정 그리고 본능에 따라 판단을 내린 다음, 나중에 우리가 하기로(혹은 하지 않기로) 선택한 것이 합리적인 판단이었다는 사실을 스스로 설득한다.

빨간 실은 직관적으로(감정) 그리고 합리적으로(이성) 작동하도록 설계되어 있다. 사람들은 자기가 듣는 이야기가 자신이 이미 알고 있는 것과 조화를 이루는지를 먼저 떠올린다. 이러한 과정은 모두 의식에 앞서 일어난다. 당신 두뇌가 의식 이전 단계에서 여러 질문에 "아니오"라고 답했다면, "아니오"를 뒷받침하는 논리가 아니라 "아니오"를 강화하는 대답만 의식적 사고로 전달된다. 따라서 모든 아이디어는 두뇌가 찾으려고 하는 이야기 구조의 여러 조각을 포함해야 하는 것이다.

하지만 합리화 과정은 여전히 일어난다. 그래서 우리는 자신의 논리와 믿음 체계 모두에 빨간 실을 만들어야 한다. 우리는 아이디어를 고객이 원하는 것으로 연결했다. 고객이 인정하고 동의하는 관점의 쌍을 발견했다. 그리고 최종 결정자인 합리화를 지탱할 수 있을 만큼 메시지를 충분히 유연하게 만들었다. 고객이 선택에 대해 긍정적으로 느끼도록 했다.

목표 재검토는 바로 그런 일을 한다. 감정에게 무언가를 요구하고 행동을 촉구하는 강력한 쌍이 될 수 있다. "이것을 하면 목표를 성취할 수 있어(행동에 대한 요구) … 그리고 목표를 다시 검토하게 될 거야(감정에 대한 요구)."

트리시아 왕은 TEDx 토크의 마지막 부분에서, 한꺼번에 몇 개의 에피소드를 몰아서 보는 사람들의 습관을 넷플릭스가 어떻게 활용했는지 언급했다.

"빅데이터와 심층 데이터를 통합함으로써('변화') 그들은 비즈니스를 개선했을 뿐만 아니라(목표), 우리가 매체를 소비하는 방식을 바꿨다(목표 재검토)."

넷플릭스는 고객 경험의 변화를 관찰한 다음, 콘텐츠 제공과 사용자 경험에 대한 접근 방식을 완전히 새롭게 했다. 이처럼 심층적으로 누적된 데이터는 산업을 뒤집어 놓을 만한 잠재력을 지니고 있다.

목표 재검토는 꼭 필요한가? 사실 그렇지는 않다. 고객의 두뇌는 그 이야기를 통한 변화와 행동이 목표 성취에 어떻게 도움을 주는지를 보여주자마자 끝이 났다는 것을 안다. 하지만 행동하는 데까지 이끌어내려면 감정에 대한 터치가 필요하다.

66

인간은 합리적인
의사결정자가
아니다
그들은 의사결정을
합리화하는
존재다

—

모두를 합쳐보자

이제 우리는 아이디어의 빨간 실을 이루는 모든 조각을 확보했다.

- ▸ '목표'를 구축했다. 이는 고객이 원하는 것이다.
- ▸ 고객이 인식하지 못했던 '문제'를 제시했다.
- ▸ 문제를 외면하지 못하게 만드는 '진실'을 보여줬다.
- ▸ 목표를 달성하기 위해 필요한 '변화'를 정의했다.
- ▸ 그리고 변화를 이끌어내는 '행동'에 대해 설명했다.

우리는 목표 재검토를 통해 직선적인 실을 감정적인 활로 묶었다. 우리는 고객에게, 그들이 성공하기 위해 필요한 것을 가지고 있음을 보여줬을 뿐만 아니라, 다음에 무엇이 가능한지에 관한 그림을 그렸다. 이제 모든 조각을 하나로 연결할 시간이다. 아이디어의 스토리라인을 구축할 시간이다.

미로를 헤쳐나가는 방법

빨간 실의 목표를 다시 검토하면서,

☐   변화를 수행한 결과, 목표 외에 고객이 무엇을 얻을 수 있는지 요
    약해봤는가?

☐   이 일이 어렵다면 목표와 고객의 소망에 관해 나눴던 브레인스토
    밍을 다시 들여다봤는가? (거기에 종종 훌륭한 선택지가 숨어 있다!)

3부

한 줄로 꿰기

9장

◆

빨간 실 스토리라인

목표: 사람들이 자기에게 들려줄 변화의 이야기를 만들게 하자 (그래서 아이디어가 행동이 되고, 나아가 세상도 달라지게 하자).

문제: 이야기의 기능은 그 형태만큼 중요하다. 이야기는 사람들에게 원인과 결과('왜' 특정한 행동이 특정한 결과를 초래했는지)를 설명한다.

진실: 이야기는 우리가 제시하는 변화가 고객의 목표를 달성하는 이유에 대한 합리적인 주장이다.

변화: 아이디어가 지닌 이야기를 발견하면, 또한 아이디어를 뒷받침하는 주장도 만들어낼 수 있다.

행동: 아이디어 스토리라인을 작성하자.

내부의 힘
없이는
외부의 힘도
없다

—

빨간 실 스토리라인이란 무엇인가?

'빨간 실 스토리라인'은 (아주 짧은) 이야기 형태로 짜인, 빨간 실의 조각 전체를 의미한다. 말하자면 아이디어를 위한 "독자생존 가능한 최소한의 주장"이다. 이전의 모든 문장은 다음과 같은 형태의 문단으로 조합할 수 있다.

> 우리는 모두 _____를 알고 싶어 한다. 우리가 모두 아는 장애물이 있지만, 실제 문제는 _____(이)다. 그러나 우리는 _____가 진실이라는 데 동의한다. 그래서 목표를 달성하기 위해서는 _____가 필요하다. 그 방법은 다음과 같다. _____. 이것으로 목표도 달성하고, 또한 _____도 이루어낼 수 있다.

다음은 우리가 지금까지 살펴봤던 사례들의 '빨간 실 스토리라인'을 모은 것이다.

▸ **스타트업 제약회사:** 우리는 모두, 환자들에게 중요한 치료를 오래 받을 수 있게 하는 방법을 알고 싶다. 우리가 모두 알고 있는

장애물이 존재하지만, 문제는 환자들이 검사 결과가 보여주는 것보다 자기 기억력에 더 의존한다는 점이다. 우리는 '보는 것이 믿는 것이다'라는 말이 진실이라는 데 동의한다. 그러므로 목표를 달성하기 위해 우리는 보이지 않는 것을 분명하고 즉각적으로 확인되는 것으로 만들어야 한다. 즉, 사람들이 느끼지 못하는 효과를 그들이 볼 수 있는 결과로 전환해야 한다. 그 방법은 다음과 같다. 환자가 방문하는 동안 의료기관이 관리하는 간단한 소변 검사법을 개발하는 것이다. 이를 통해 목표를 달성할 수 있을 뿐 아니라, 환자와 의료기관이 맞춤화된 치료 계획을 세우고 더 나은 결과를 이끌어내도록 힘을 실어줄 수 있다.

▶ **빅데이터 회사:** 우리는 모두 비즈니스 의사결정 과정에서 위험을 줄이는 방법을 알고 싶어 한다. 우리가 모두 알고 있는 장애물이 존재하지만, 실질적인 문제는 빅데이터가 더 많은 지식을 만들어낼 뿐 아니라, 더 많은 미지의 세계도 만들어낸다는 데 있다. 그리고 우리는 가장 큰 위험이 이 미지의 것에서 비롯된다는 데 동의한다. 그러므로 목표를 성취하기 위해 우리는 빅데이터를 '심층' 데이터(즉, 빅데이터가 하지 않는 그리고 할 수 없는 것에서 이끌어낸 데이터와 통찰력)와 연결해야 한다. 그래서

아이디어가 팔리는 순간

이렇게 해보면 어떨까? 민족학 연구자 같은 사람들을 활용하여 이야기나 감정, 상호 작용 같은 정량화할 수 없는 데이터를 수집하고 해석하는 것이다. 이러한 활동으로 목표 달성뿐 아니라, 비즈니스를 개선하고 산업을 변혁할 수 있는 통찰력을 제공할 수 있다.

▸ **비영리 언론사:** 우리는 모두 임무를 가장 잘 처리하는 방법을 알고 싶어 한다. 우리에게 익숙한 장애물이 존재하지만, 실질적인 문제는 '콘텐츠 결과'(무엇을 얼마나 많이 만들어내는지)와 '콘텐츠 노출'(누가 그리고 얼마나 많은 사람이 보는지) 사이의 관계다. 우리는 더 많은 사람이 우리의 콘텐츠를 볼수록 더 많은 영향력을 발휘할 수 있음을 잘 안다. 그러므로 목표를 성취하기 위해 우리는 콘텐츠를 보는 사람을 늘리고 그것이 만들어내는 매출을 통해 콘텐츠 결과 역량을 높이기 위한 방식으로 만들어야 한다. 그래서 이렇게 해보면 어떨까? '뉴스레터 편집자'라는 새 포지션을 만드는 것이다. 이것으로 목표를 달성하고, 또한 조직의 편집 및 재무적 고민을 해결해줄 새로운 매출 흐름을 만들어낼 수도 있다.

▸ **무대 공포증 경험자:** 우리는 모두 무대 위와 카메라 앞에서 더 편안해지는 방법을 알고 싶다. 우리가 모두 아는 장애물이 존재하지만, 실질적인 문제는 막연하게 두려워하면서도, 이것이 사실은 몇몇 요소의 조합이라는 점을 모른다는 것이다. 우리 경험은 흔적을 남긴다. 두려움이 우리 몸에 물리적 흔적을 남긴다는데 (이것이 진실이라고) 동의한다. 그러므로 목표를 달성하기 위해 우리는 몸속에 여전히 두려움으로 남아 있는 과거 경험에서 비롯된 흔적을 해결해야 한다. 그 방법은 다음과 같이 네 단계를 거친다. (1) 과거 경험을 확인하고 인정하기. (2) 자신에게 하는 이야기 속에서 사용하는 언어 바꾸기. (3) 관심의 중심이 되는 즐거움과 다시 연결하기. (4) 새롭고 긍정적인 느낌을 받아들이는 역량 구축하기. 이는 목표를 달성할 뿐 아니라, 또한 우리가 기뻐하고 당당하게 자신이 되는 길을 열어준다.

▸ **인재 채용 중인 회사:** 우리는 모두 밀레니얼 세대 직원들을 붙잡아두기 위해 어떤 인센티브가 필요한지 알고 싶다. 우리가 모두 알고 있는 장애물이 존재하지만, 실질적인 문제는 사람보다 지위에 집중한다는 것이다. 우리는 지위가 제 기능을 발휘하게 만드는 것이 사람이라는 데 (이것이 진실이라고) 동의한다. 그

러므로 목표를 달성하기 위해 우리는 각각의 지위에 있는 직원들을 위해 맞춤형 인센티브를 제공해야 한다. 그 방법은 다음과 같다. 업무나 직급에 따른 선택권을 제시하는 것이다. 예를 들어 낮은 직급은 매월 하루씩 재택근무나 추가적인 휴가 사이에서 선택할 수 있다. 그리고 높은 직급은 매월 3일씩 재택근무나 휴가 사이에서 선택할 수 있다. 이는 목표를 달성할 뿐 아니라, 유능하고 똑똑한 성과자들이 우리 회사를 가고 싶은 곳으로 여겨 몰려들게 만들 것이다.

▸ **과도한 두려움에서 벗어나고 싶은 사람:** 우리는 모두 두려움을 관리하는 법을 알고 싶어 한다. 우리가 모두 알고 있는 장애물이 존재하지만, 실질적인 문제는 두려움을 더 느끼는 것이 아니라 자신이 '두려움 없는' 상태에 있어야 한다고 생각한다는 사실이다. 우리는 자신이 계획하지 않았던 즉흥적인 어려움을 다루는 방법을 알아내야 한다. 그러므로 목표를 달성하기 위해 매일 '의식적으로' 두려워하는 일을 해야 한다. 그 방법은 다음과 같다. '두려움 실험'을 수행하는 것이다. 이는 집중과 에너지, 행동, 반복의 요소로 이뤄져 있다. 이렇게 하면 목표를 달성할 뿐 아니라, 후회 없는 삶을 살아갈 수 있다는 사실을 의미한다.

▸ **리더십 훈련자:** 우리는 모두 사람들이 자기 잠재력을 최대한으로 발휘하고 싶어 한다는 사실을 안다. 우리가 모두 아는 장애물이 존재하지만, 실질적인 문제는 우리가 비록 의도하지 않았다고 해도 팔로워들을 훈련할 뿐 리더를 키우지는 않는다는 사실이다. 리더십은 배울 수 있다는 데 (이것이 진실이라고) 동의한다. 그러므로 목표를 달성하기 위해 우리는 다중 리더십, 즉 모든 직급에 적용할 수 있는 리더십을 개발해야 한다. 그 방법은 팀이 네 단계(기여자, 코치, 개발자, 개척자)를 거치면서 발전하도록 하는 것이다. 이는 목표를 성취할 뿐 아니라, 또한 리더십 문화를 구축하는 데 도움을 준다.

빨간 실 스토리라인의 기준

1. 빨간 실 스토리라인에는 모든 빨간 실 문장을 포함한다.

2. 고객이 직관적으로 이해할 수 있는 아이디어로 뒷받침해야 한다.

3. 전문 용어나 내부자가 주로 사용하는 표현은 금물이다. (고객이 직관적으로 이해할 수 없는 용어나 표현을 사용해야 한다면, 스토리라인 안에 관련 설명을 포함해야 한다.)

아이디어가 팔리는 순간

8장에서 드비어스에 대한 가상의 빨간 실 스토리라인을 작성해봤지만, 사실 그 기업은 그러한 노력을 의도적으로 하진 않았다. 그들은 왜 "다이아몬드는 영원하다"라는 광고 문구가 그렇게 강력하게 다가오는지 알고 싶어 했다. 실제 가치는 자신이 스스로에게 들려주는 이야기라는 사실을 인정하면서도, 그들은 다이아몬드의 감성적 가치를 여전히 믿었다.

속담의 힘

드비어스의 "다이아몬드는 영원하다"가 그렇게 강력한 영향력을 발휘했던 또 하나의 이유가 있다. 그것은 '마치 속담처럼 들린다'라는 것이다. 우리는 5장에서 속담에 관한 이야기를 나눴다. 거기서 나는 속담을 활용해 진실 문장을 간결하면서도 압축적으로 좁히라고 언급했다. "서두르면 일을 그르친다haste makes waste", "두 번째 쥐가 치즈를 얻는다the second mouse gets the cheese"(먼저 나서봤자 좋을 게 없다는 뜻—편집자) 혹은 보다 현대적인 "정면돌파만이 살 길이다the only way out is through"와 같은 속담은 집단 의식 속에 자리 잡고 있다.

첫째, 이러한 말들은 자신과 세상에 관한 믿음("침묵은 금이다"와 같은)을 요약해주고, 우리에게 해야 할 일을 일러주는 대단히 유용한 지름길이다. 존 F. 케네디의 취임사도 같은 맥락이다. "조국이 당신을 위해 무엇을 해줄 수 있는지 묻지 말고, 당신이 조국을 위해 무엇을 할 수 있는지 물으라."

둘째, 이러한 말들은 기억하기 쉽다. 자기 아이디어를 기억하기 쉽고 쓸모 있는 지름길로 만들려면, 이것을 만트라나 속담처럼 만들자! 가능하다면 자신의 빨간 실 문장에 속담이 지닌 특징을 불어넣자. 스토리텔러 론 플루프 Ron Ploof 사례를 소개한다. 그가 쓴 『속담 효과 The Proverb Effect』는 메시지를 만드는 모든 사람의 책장에 꽂혀 있어야 한다.[18] 론에 따르면 속담에는 이런 특징이 있다.

▸ 속담은 짧다. 일반적으로 129자를 넘지 않고 평균 일곱 단어로 구성된다.
▸ "베네핏 원칙 Benefit Rule"을 따른다. 그 문장이 언제나 듣는 사람에게 이익을 가져다주어야 한다는 의미다.

아이디어가 팔리는 순간

이를 위해 우리는 빨간 실 문장을 더 이상 간결하게 만들
수 없을 때까지 다듬어야 한다. 나는 고객들에게 각각의 문
장을 일반적인 '트위터 문장'으로 만들어보도록 한다. 즉, 빈
칸까지 포함해 140글자 미만으로 말이다. 론이 제시하는 것
보다는 살짝 더 많지만, 그 정도면 충분하다. 베네핏 원칙을
어떻게 실행해야 하는지 모르겠다면, 간단한 방법이 있다.

속담은 대부분 명시적으로 혹은 암묵적으로 '당신'을 포
함하고, 과거 상황이 아니라 현재 상황을 명시한다. 내가 이
책 전반에 걸쳐 소개했던 다음 속담(혹은 문안)을 살펴보고,
여기에 얼마나 일치하는지 생각해보자.

- ▸ 돈으로는 행복을 살 수 없다.

  Money doesn't buy happiness. (4단어, 28글자)
- ▸ 두 진실이 싸울 때, 하나만이 살아남는다.

  When two truths fight, only one lives. (7단어, 38글자)
- ▸ 호미로 막을 것을 가래로 막는다.

  A stitch in time saves nine. (6단어, 28글자)
- ▸ 보는 것이 믿는 것이다.

  Seeing is believing. (3단어, 20글자)

▸ 서두르면 일을 그르친다.

Haste makes waste. (3단어, 18글자)

▸ 두 번째 쥐가 치즈를 얻는다.

The second mouse gets the cheese. (6단어, 33글자)

▸ 침묵은 금이다.

Silence is golden. (3단어, 18글자)

▸ 누이 좋고, 매부 좋다.

What's good for the goose is good for the gander. (10단어, 49글자)

▸ 핑계 없는 무덤 없다.

The runner and the road are one with the errand to be done. (13단어, 59글자, 일을 맡은 자는 항상 목표를 염두에 두고 있어야 한다는 뜻—편집자)

▸ 조국이 당신을 위해 무엇을 해줄 수 있는지 묻지 말고, 당신이 조국을 위해 무엇을 할 수 있는지 물으라.

Ask not what your country can do for you, ask what you can do for your country. (17단어, 79글자)

▸ 정면돌파만이 살 길이다.

The only way out is through. (6단어, 28글자)

아이디어가 팔리는 순간

앞서 살펴본 여러 가지 스토리라인 사례에서 "속담처럼 만들기"는 얼마나 효과가 있는지 살펴보자.

- 보이지 않는 것을 보이게 만들라.

  Make the invisible, visible. (4단어, 28글자)

- 가장 큰 위험은 미지의 것에서 온다.

  The greatest risk comes from the unknown. (7단어, 41글자)

- 빅데이터는 더 많은 지식을 만들지만, 더 많은 미지도 만들어 낸다.

  Big Data doesn't just create more knowledge, it creates more unknowns. (11단어, 70글자)

- 많은 사람이 콘텐츠를 볼수록 영향력은 더 강해진다.

  The more people who see our content, the more impact it will have. (13단어, 66글자)

- 경험은 흔적을 남긴다.

  Experiences leave imprints. (3단어, 27글자)

- 사람 덕분에 지위가 제 구실을 한다.

  People are what make positions work. (6단어, 36글자)

▸ 두려운 일을 매일 의식적으로 하라.

　Do scary stuff on purpose, every day. (7단어, 37글자)

▸ 리더십은 학습이 가능하다.

　Leadership is learned. (3단어, 22글자)

이러한 말들은 이미 속담처럼 보이므로, 작성을 시작하기에 앞서 일반적인 원리에 주목하길 권한다.

→ **해보자**: 빨간 실 문장의 최고 버전으로 시작해, 편집해보면서 속담의 형태가 될 때까지 다듬어보자. (그래도 긴 버전을 버리면 안 된다. 나중에 필요할지 모른다.)

나는 문제와 진실, 변화 문장이 '속담처럼 만들기'에서 가장 큰 도움을 받을 수 있다는 사실을 확인했다. 이들은 결국 우리의 주장을 이루는 주요 요소들이다. 그러므로 가장 분명하고 기억에 남을 만한 것으로 속담처럼 만들어야 한다.

아이디어에 활용 가능한
흔들리지 않는 주장 만들기

위대한 영국 정치인 윈스턴 처칠은 이런 말을 남겼다. "짧고 날카로운 것과 길고 거친 것을 똑같이 잘 다루는 방법을 배워야 한다."[19] 우리에게 충분한 시간이 허락된다면 자기 아이디어의 힘과 가능성을 끝까지 잘 전달할 수 있을 것이다. 하지만 충분한 시간이 주어진 경우는 거의 없다. 그런 여유가 있다고 해도, 대부분은 어떻게든 빨리 처리해주길 바란다.

앞에서는 왜 이야기 구조를 활용하는 것이 작업 속도를 높이는 최고의 방법인지 말했다. 이야기는 아이디어의 '코드'를 고객의 머릿속 이야기 프로세서 안에 곧바로 업로드한다. 고객의 뇌는 그들에게 익숙한 이야기 외에 다른 이야기에 적응할 필요가 없으므로 많은 시간을 아낄 수 있다.

이야기의 형식을 활용하면 얻을 수 있는 혜택 중 하나다. 그러나 또 다른 중요한 혜택은 원인과 결과에 대해 결론을 내리는 방식에 있다. x가 일어나고 그 결과 y가 발생했을 때, 우리 두뇌는 둘 사이의 관계를 구축하기 위해 이야기를 만든다. 전문 스토리텔러는 이러한 개념을 잘 이해한다. 실제로 소설가, 극작가, 시나리오 작가 들이 공통적으로 말하는 후렴은 "이야기는 주장이다"라는 것이다. 이야기는 자기가 품고 있는 아이디어를 나타내기 위한 주장인 것이다. 그리고 왜 상황이 그러한 식으로 진행되었는지에 대한 작가만의 설명이다.

따라서 아이디어에 담긴 이야기를 확인하는 것만으로(혹은 처음부터 이야기를 만듦으로써) 우리는 아이디어를 위한 주장을 구축할 수 있다. 목표를 수립하고, 가로막고 있는 실제 문제를 보여주고, 선택을 강요하는 진실에 주목하고, 성공으로 나아가는 변화와 행동으로 긴장을 해소함으로써 우리는 아이디어가 무엇인지는 물론, 왜 그것이 중요한지를 설명한다. 일반적으로 150자 이하의 문장 속에서 고객이 우리 아이디어를 이해하고 동의하기 위해 필요한 최소한의 정보를 제시할 수 있다.

고객은 더 많은 정보와 더 많은 세부 사항을 원하는가? 일반적으로는 그렇다. 그러나 그들이 이론적으로 빨간 실 스토리라인에 기반한 우리 아이디어를 이해하고 동의한다면? 그러면 우리는 자기 아이디어가 충분히 강력하다고 확신할 수 있다. 썸네일 크기로 축소한 고해상도 이미지처럼, 한 가지 작은 스토리라인 안에 모든 가능한 규모와 범위 그리고 아이디어의 영향력을 집어넣을 수 있다.

이러한 점에서 빨간 실 스토리라인 작성 및 시험은 빨간 실 접근 방식의 마지막 '구축' 단계에서 일어난다. 이를 통해 자기 아이디어가 작은 규모로 통하게 하고, 그래서 큰 규모에서도 여전히 통하리라는 것을 언제든 확신할 수 있다. 그리고 이러한 확신이 있으면, 우리는 자기 아이디어를 그대로 밀고 나가 연설과 프레젠테이션, 책, 비즈니스 혹은 유행까지도 만들어낼 수 있다. 이제 그 방법에 대해 이야기해보자.

빨간 실 스토리라인 만드는 방법

여러 측면에서 빨간 실 스토리라인 만들기 자체는 어렵지 않다. 우리는 이미 개별적인 빨간 실 문장을 하나씩 만들어봤다. 여기서 우리가 할 일은 그 문장들을 하나로 연결하는 것이다.

→ **해보자:** 앞서 작성했던 모든 빨간 실 문장을 모아보자. 그 문장을 스토리라인 양식으로 복사해 붙여넣기 하자(이번 장의 도입부를 확인하자).

일단 개별 빨간 실 문장들을 합쳤다면, 당신은 아마도 뭔가가 이상하다는 느낌을 받을 것이다. 때로는 양식이나 개별 문장의 언어 같은 '표면적인' 문제처럼 보이기도 한다. 그러한 일반적인 상황이라면, 양식과 문장의 언어를 자기 개성과 조화되도록 마음껏 수정해도 된다.

TEDx케임브리지 강연자이자 앞서 언급했던 알츠하이머 연구자 디라즈 로이는 절차를 부드럽게 만들고 수정하는 좋은 사례를 보여줬다. 당신은 디라즈의 연구가 새로운 진실을 제시했던 부분을 기억할 것이다. 초기 알츠하이머 병을 앓는 쥐의 기억 회복 시스템을 강화할 수 있다는 것이었다. 그 문장은 "우리는 …이 진실이라는 데 동의한다"라는 형태를 취하지 않는다. 연구자들은 섣불리 진실이라는 단어를 사용하지 않는다. 그래서 디라즈는 "나는 그것이 가능하다는 사실을 알았다"라는 형태로 수정했다.

아이디어가 팔리는 순간

→ 해보자: 부드럽고 논리적으로 들리는 문장을 만드는 데 필요하다면 양식이나 문장의 언어를 수정해보자.

어긋나 있는 것은 때로는 깊은 의미를 담고 있다. 각각의 빨간 실 문장을 연결했을 때, 당신은 아마도 치밀한 논리도 없고, 그래서 당신의 아이디어를 주장하기도 민망하다는 사실을 알았을 것이다.

하지만 대부분 그게 정상이다. 그런 상황이 벌어진다면, 먼저는 어떤 빨간 실 문장이 도드라지는지 확인해보고, 다음으로 조화를 이루는 스토리라인을 만들 때까지 계속 수정해 나가자. 뒤따라 오는 문장 일부를 대폭 수정해야 할 수도 있다. 그것도 괜찮다! 더 완성하기 전에, 이 시점에서 빨간 실 스토리라인의 문제를 발견하고 해결하는 편이 더 낫다.

→ 해보자: 개별 빨간 실 문장 중 하나에 문제가 있다면 수정해보자. 문장 유형에 대한 기준과 빨간 실 스토리라인의 논리적 흐름을 충족시키는지 확인하자. 필요하다면 문장을 전반적으로 수정해도 좋다.

빨간 실 스토리라인을 활용하는 다른 방법

연습을 통해 각각의 조각을 따로따로 만드는 대신에, 자기 아이디어를 분명하게 밝히고 지지하는 스토리라인 문단을 중심으로 작성해볼 수도 있다. 이를 위해 자신의 스토리라인을 소리 내서 읽고 질문을 던져보자.

▸ 논리적인가? 고객은 전반적인 논리는 물론, 각각의 문장에 동의할 것인가?

▸ 자신이 원하는 방식으로 아이디어를 드러내고 있는가? 타당하게 느껴지는가?(메시지는 다른 누구보다 자신을 먼저 감동시켜야 한다. 그러므로 자신이 그 메시지에 기이 동의하고 열광하는지 먼저 확인하라.)

▸ 그 문장에서 시작해 보다 규모 있는 형태로 길고, 미묘하고, 섬세한 설명을 이끌어낼 수 있는가? 빨간 실 문장은 보다 긴 설명을 위한 '주제문'으로 기능할 수 있는가?

아이디어가 팔리는 순간

빨간 실 스토리라인을 팔기 위한 수정

지금까지 스토리라인 형태가 당신과 회사를 위한 것이라기보다는, 당신의 아이디어를 위한 것이라는 사실을 아마도 눈치챘을 것이다. 나는 고객들에게 그렇게 시작해야 한다고 조언한다. 당신의 아이디어는 그만큼 충분히 강력해야 하기 때문이다. 아이디어는 많은 사람을 끌어들일 수 있어야 하고, 함께할 만큼 많은 것을 갖추고 있어야 한다. 그리고 당신의 아이디어(그리고 빨간 실과 스토리라인)는 동시에 '당신을 팔 수 있어야' 한다. 형태를 조금 수정해서 "엘리베이터 스피치"로 전달할 수준으로 응축되고 임팩트 있는 형태로 만들 수도 있다.

이번 장 도입부에서 함께 만든 빨간 실 스토리라인에 대해 나는 '설명' 버전이라고 부른다. 자기 아이디어를 설명해야 하거나 혹은 자신이나 기업을 홍보하는 과정에서 논리가 허물어질 때마다 이것을 활용할 수 있다. 빨간 실 스토리라인은 대부분의 프레젠테이션과 책 그리고 내가 고객과 함께 만드는 여러 설명 자료들을 뒷받침한다. 당신의 아이디어를 제대로 설명해내는 데에서 한 걸음 더 나아가 아이디어를 '판매'하기 위해 스토리라인을 활용해야 할 때, 우리는 그 기반이 되는 언어를 수정함으로써 자신과 기업을 드러낼 수 있다.

이 기본 프레임은 여러 세일즈 메시지, 연설, 웹사이트 홈페이지나 기업 소개 페이지에서도 효과적으로 활용할 수 있다.

최소한으로 활용 가능한 메시지

이제 우리는 빨간 실 스토리라인과 함께 자신의 메시지를 위한 짧고 강력한 표현의 틀을 확보했다. 그러나 때로는 더 짧은 형태가 필요하다. 더 큰 대화를 시작할 출발점이 필요하거나 혹은 주어진 시간이 60초도 채 되지 않을 때가 그렇다. 이를 위해 최소한으로 가용한 '메시지'가 필요하다. 즉, 내가 도입부에서 언급했던 "TEDx 테스트에 최종적으로 대답할 수 있는" 메시지가 필요하다.

이를 위해 우리는 빨간 실 '직결선'을 만들어야 한다.

아이디어가 팔리는 순간

미로를 헤쳐나가는 방법

빨간 실 스토리라인을 작성하기 위해, 아래와 같이 해봤는가?

☐　　빨간 실 문장들을 스토리라인 형식으로 연결해봤는가?

☐　　부드럽게 그리고 논리적으로 읽히도록 수정해봤는가?

10장

◆

빨간 실 직결선

목표: 사람들이 자기에게 들려줄 변화의 이야기를 만들게 하자 (그래서 아이디어가 행동이 되고, 나아가 세상도 달라지게 하자).

문제: 자기 메시지를 통해 사람들 마음속에서 질문을 끌어내야 하는데, 혼란이 아니라 호기심에서 비롯된 질문이어야 한다.

진실: 고객이 호기심을 통해 배운 것은 그들 세계관 속에 그대로 남아 있다. 이는 그들의 내러티브, 즉 그들이 자기에게 들려주는 이야기의 일부가 된다.

변화: 과정의 모든 단계에서 단지 호기심을 충족시키는 데 그치지 말고 호기심을 창조하라.

행동: 자신의 빨간 실 직결선을 작성하자.

작은 열쇠로
큰 문을
열 수 있다
ㅡ

빨간 실 직결선이란 무엇인가?

'빨간 실 직결선'은 고객의 질문과 그 질문에 대한 당신의 대답을 한 문장으로 요약한 것이다. 이는 고객의 호기심을 충족시키고 더 많은 호기심을 자극하는 데 있다. 우리는 빨간 실 직결선으로 "당신의 아이디어는 무엇인가?"라는 질문에 대답할 수 있어야 한다.

- ▸ 제 아이디어는 _____.
- ▸ _____에 관해 말씀드리겠습니다.
- ▸ 이 책은 _____에 관한 것입니다.
- ▸ 우리 기업은 당신이 _____ 하도록 도움을 줍니다.

빨간 실 직결선에 관한 더 많은 사례를 살펴보자. "당신의 아이디어는 무엇인가"라는 질문에 140글자 이하로 답한 것이다.

- ▸ 우리는 확실한 결과를 보여주는 간단한 소변 검사를 통해 환자들이 중요한 치료를 더 오랫동안 받도록 하고 있다.

- 빅데이터를 심층 데이터(인간의 통찰력)와 연결함으로써 비즈니스 의사결정의 위험을 낮추는 방법을 알려준다.
- 이번 프로젝트에 투자함으로써 어떻게 우리 조직의 편집 및 재무 과제에 도움을 줄 수 있는지 보여주려고 한다.
- 이번 기조연설에서는, 두려움이 시작된 과거 경험을 추적해 대처함으로써 카메라와 무대 공포증을 극복하는 법에 관해 말할 것이다.
- 맞춤형 인센티브를 제공함으로써 밀레니얼 세대 직원들이 조직을 떠나지 않도록 만드는 법을 보여주고자 한다.
- 두려움을 극복하기 위해 매일 당신을 두렵게 하는 일을 의도적으로 시도하라.
- 직원들이 자기 잠재력을 최대치로 발휘하도록 하는 리더십을 모든 단계에서 개발하라.

동일한 기준을 드비어스 사례에 적용해보면 이런 형태가 될 것이다.

"약속을 가장 완벽하게 상징하는 것은 다이아몬드다. 그것은 영원하기 때문이다."

아이디어가 팔리는 순간

자신의 빨간 실 직결선을 발견하자

고객은 항상 시간이 부족하다. 이 책을 시작하면서 당신의 아이디어를 140글자 이하의 문장으로 만들어보도록 했다. 다음과 같은 지침도 기억하는가?

▸ 당신의 아이디어에 대해 아무것도 모르는 사람도 쉽게 이해할 수 있는 단어만 사용하기

▸ 고객이 (동료나 친구들 앞에서 큰 소리로) 원한다고 동의하는 내용 포함하기

▸ 고객 목표를 달성하기 위한 새롭고 예상치 못한 방법 포함하기

나는 종종 TEDx 테스트를 "최소한으로 활용 가능한 메시지"로 소개한다. 스타트업의 제품 개발 전략인 '애자일 앤 린^{Agile and Lean}'(가볍고 민첩한) 방식에서 힌트를 얻은 표현이다. 이 접근 방식은 "최소 기능 제품^{minimum viable product}", 다시 말해 "팀이 최소한의 노력으로 고객에 관해 최대치로 입증된 결과물로 내놓은 신제품 버전"을 말한다.[20] 일반적으로 말하는 최소 기능 제품은 최종 제품이 아니다. 이는 팀과

기업이 효과적인 수준인지 확인하기에 적합한 임시 버전인 경우가 많다.

빨간 실 직결선의 기준

1. 고객 목표의 특정 형태를 포함해야 한다.

2. 문제와 진실, 그리고/혹은 변화의 일부 측면을 포함해야 한다.

3. 당신의 아이디어에 대해 알지 못하는 사람도 쉽게 이해할 수 있는 단어만 포함해야 한다. 전문적이고 특수한 용어를 사용해야 한다면, 일반인도 쉽게 이해할 수 있는 단어로 설명해야 한다.

4. 140자 이하여야 한다.

당신 아이디어에 대해 이야기할 때, 비슷한 기능을 하는 뭔가가 필요하다. 당신의 빨간 실 직결선, 특히 TEDx 테스트를 통과한 가장 짧은 형태는 바로 '최소 기능 메시지minimum viable message'다. 사람들이 빨간 실 직통선에 반응하는 방식은 메시지의 강도에 관해 많은 이야기를 들려준다. 누군가 당신의 아이디어를 묻는다면, 당신은 빨간 실 직결선을 말해줄 수 있다. 혼란이나 이해 부족에서 비롯된 질문은 빨간 실 그리고 아이디어 자체에 관해 할 일이 더 있다는 사실을 드러낸다.

사람들이 생각하는 질문의 원천은 호기심이다. 왜 호기심이 그렇게 중요한가? 그것은 학습으로 이어지고, 학습된 것은 지속되기 때문이다. 사람들은 충분히 이해했고, 더 많은 것을 알고 싶어서 정보를 요구하는 그러한 상황을 원한다. 학습된 것은 고객 마음속에 머물고 세계관의 일부가 된다. 고객이 학습한 것, 특히 호기심이 발동해 학습이 이뤄진 것은 세상을 바라보는 렌즈를 바꾼다. 이러한 변화는 어떤 때는 거대하게, 다른 때에는 사소한 형태로 일어난다. 그러므로 우리는 고객의 호기심을 충족시키는 것 이상의 일을 해야 한다. 즉, 우리는 호기심을 창조해야 한다.

이것이 바로 최소 기능 메시지가 하는 일이다. 이제 우리는 그러한 메시지를 만들어내는 데 필요한 모든 것을 갖췄다. 자기 아이디어를 위한 최소 기능 메시지를 (빨간 실 스토리라인 형태로) 만드는 동안, 우리는 새롭고 강력한 방식으로 조합할 수 있는 요소를 수집하게 된다. 가장 강력한 형태는 무엇일까? 그것은 "당신의 아이디어는 무엇인가?"라는 질문에 간단하고 짧은 대답, 즉 빨간 실 직결선으로 답하는 것이다.

이제 그것을 발견해야 할 시간이다.

빨간 실 직결선을 만드는 방법

한 문장의 빨간 실 직결선을 만들기 위해 다음 공식을 활용하자.

| 빨간 실 직결선 = 목표 + [문제, 진실, 그리고/혹은 변화]

빨간 실 직결선은 목표의 특정 형태를 포함해야 한다. 목표는 메시지를 중요하게 만든다. 그것은 우리 아이디어가 어떤 질문에 대답하는지 드러내기 때문이다. 사람들이 메시지에 주목하도록 만들려면 직결선은 아이디어에서 가장 '예상치 못한' 측면을 포함해야 한다. 이는 문제와 진실, 변화 혹은 몇몇 조합으로부터 가져올 수 있다.

→ **해보자:** '공식'을 활용해 가능한 빨간 실 직결선 조합에 대해 브레인스토밍해보자.

- ▸ 목표 + 변화(가장 일반적인)
- ▸ 목표 + 문제(다음으로 일반적인)
- ▸ 목표 + 진실(가장 드물지만 그래도 쓸모 있는!)

자신의 적용 분야에 대한 적절한 소개 글로 다음 문장을 완성해보자.

- ▸ 제 아이디어는 _____ .
- ▸ _____에 관해 말씀드리겠습니다.
- ▸ 이 책은 _____에 관한 것입니다.
- ▸ 우리 기업은 당신이 _____ 하도록 도움을 줍니다.

브레인스토밍에서 나온 최고 조합을 가지고 빨간 실 직결선을 완성하고 위에서 제시한 기준을 충족해보자. 목표와 다른 요소의 조합은 분명하게 드러난다. 그럼에도 구체적인 상황이나 적용 분야에서 효과적인 조합을 발견하기 위해서는 많은 브레인스토밍이 필요하다. 일반적으로 브레인스토밍을 통해 나온 추가 조합은 기록해둘 필요가 있다. 다양한 버전은 향후 적용을 위해 쓸모가 있기 때문이다.

고객의 눈을 사로잡는 강력한 한 줄

영화를 보기 전에 재미가 있을지 미리 알아보려고 우리는 한두 줄짜리 짧은 설명을 읽는다. 그리고 그것이 재미가 있다면, 우리는 스토리 요약글을 찾아서 본다. 그것도 흥미로울 때 영화관을 찾는다.

마찬가지로 빨간 실 직결선은 고객의 질문, "당신의 아이디어는 무엇인가?"(그리고 이와 비슷한 다양한 형태)에 대한 우리의 답변이라는 점에서 영화에 대한 한 줄짜리 설명과 비슷한 기능을 한다. 고객은 거기서부터 더 많은 것을 찾아볼지, 관심을 접을지 결정한다. 그들이 더 많은 것을 원하면 우리는 "트레일러", 다시 말해 스토리라인을 제시한다. 그리고 다음으로 "영화", 즉 우리 적용에 적합한 가장 긴 형태의 콘텐츠가 나온다.

아이디어가 팔리는 순간

66

우리가
추구하는 질문의
원천은
다름 아닌
호기심이다

—

이제 우리는 최소한의 활용 가능 메시지와 빨간 실 직결선과 더불어, 아이디어를 전하기 위한 강력한 원투 펀치를 갖췄다. 또한 고객이 자신에게 그리고 남에게 들려줄 이야기를 만들게 하기 위해 필요한 모든 요소를 갖췄다.

미로를 헤쳐나가는 방법

자신의 빨간 실을 발견하기 위해 다음의 것을 해봤는가?

☐   가능한 조합에 대해 브레인스토밍해봤는가? (목표+변화, 목표+문제, 목표+진실)

☐   자신의 선택지를 결정하기 위해 한 문장으로 압축해보았는가?

아이디어가 팔리는 순간

과거는
현재의 미래다

—

세상에는 당신의 이야기가 필요하다

이 책을 시작하면서 나는 테세우스가 미노타우로스를 죽이고 미로를 빠져나오기 위해 사용했던 빨간 실 이야기를 했다. 실제로 모든 문화와 종교, 철학 속에도 이 '빨간 실'이 있다. 그러므로 우리는 뭔가를 더욱 깊이 파고들수록 빨간 실에 대한 통찰력을 얻고, 활용법을 배울 수 있다.

운명의 빨간 실

특정 동양 철학에서 "운명의 빨간 실"은 우리를 다른 존재와 연결해주는 보이지 않는 끈을 말한다. 어떤 이들은 이러한 끈이 우리를 소울메이트와 연결해준다고 믿는다. 사람들은 그 끈이 늘어나거나 꼬일 수 있지만 절대 끊어지는 법은 없다고 믿는다.

우리의 빨간 실도 다른 존재와의 연결을 의미한다. 고객의 질문과 우리 아이디어와 제품, 서비스가 내민 대답 사이에서 연결 고리 역할을 한다는 점을 명심하자. 우리의 목표는 그 실을 온전하게 보존한 채로 항상 고객에게 주목하는 것이다.

식별끈

"식별끈rogue's yarn"이라는 용어는 항해의 황금시대에서 그 유래를 찾을 수 있다.

거대한 범선과 해적들을 떠올려보자. 해적들은 다른 배에서 값비싼 로프를 훔친다. 그러한 해적질을 막기 위해 혹은 로프를 되찾았을 때 주인을 쉽게 식별하기 위해 선원들은 로프에 색깔 있는 실을 넣어 표시해뒀다. 영국 해군은 빨간색 실을 그들의 식별끈으로 사용했다(1809년 괴테도 이에 대해 언급했다).[21] 여기서 또 다른 빨간 실 은유가 탄생했다.

우리가 만든 그리고 지금부터 만들게 될 모든 빨간 실은 우리의 세계관에 뿌리를 내린다. 우리의 세계관은 원래 고유하고 특별하다. 어느 누구도 우리와 똑같은 시선으로 세상을 바라보지 못한다. 삶의 여정을 똑같이 경험한 사람은 아무도 없기 때문이다(이 말은 조직에도 똑같이 적용된다).

자신의 빨간 실을 분명하게 드러냄으로써 우리는 자신만의 고유한 것을 창조했다. 자신의 빨간 실을 세상에 더 많이 드러낼수록 고객은 그것을 더 많이 보고 당신과 더 많이 연결 지을 것이다.

테세우스의 빨간 실

지금까지 우리가 어떤 여정을 걸어왔는지 생각해보자. 우리는 빨간 실을 가지고 그 길을 추적함으로써 고객에게 그 길을 보여줬다. 그리고 그들이 동일한 결론에 도달할 수 있도록 안내했다. 우리는 고객에게 변화를 이룩하고 목표를 달성하는 방법과 근거를 제시했다.

자신의 빨간 실 문장, 그것들을 연결하는 스토리라인 그리고 그것을 요약하는 빨간 실 직결선과 더불어, 이제 우리는 메시지를 전하고 거대한 아이디어를 세상에 드러내기 위한 모든 준비를 마쳤다.

빨간 실의 힘

이 책은 빨간 실의 다양한 구성 요소와 활용에 관한 몇몇 사례만 보여줬다. 그러나 더 많은 사례를 원한다면, 내 유튜브 채널에서 100편이 넘는 영상을 확인해보라. 다양한 형태로 빨간 실을 담아내고 있다.

기반이 되는 구조는 거의 동일하지만, 자신의 빨간 실을 바탕으로 구축할 수 있는 콘텐츠 종류와 스타일, 유형은 무한대에 가깝다. 예를 들어 모든 스토리텔링의 기본 줄거리는 7가지 정도다. 그것이 사실이라고 할 때, 세상에 존재하는 모든 이야기의 엄청난 규모와 그 차이점을 떠올려보라. 그 모든 이야기가 빨간 실의 다섯 가지 요소(목표, 문제, 진실, 변화, 행동)를 포함하고 있다는 사실은 더욱더 놀랍다. 내가 정말로 흥미롭게 생각하는 부분은, 우리가 더 많은 빨간 실을 창조할수록 그것들은 더 많이 연결되고 얽혀서 우리의 고유한 세계관을 형성하게 된다는 사실이다.

실제로 많은 고객은 그들의 제품과 프로젝트, 프로그램 혹은 아이디어 사이에 연결 고리가 없다고 우려한다. 그러나 연결 고리는 '언제나' 존재한다. 왜? 그 안에 빨간 실이 숨어 있기 때문이다. 우리가 아이디어를 개발하고 새 제품이나 기업을 만들 때마다 혹은 새로운 경력을 선택할 때마다 우리 두뇌는 항상 그 빈칸을 채운다.

결과는 아주 다양하게 나타났겠지만, 한 가지 변하지 않는 것이 있다면 그것은 '당신'이다. 아이디어의 빨간 실을 발견함으로써 종종 자신의 빨간 실에도 이르게 된다. 우리는 결국 자신의 의사결정, 이야기 그리고 자기 일과 삶을 안내하는 내러티브를 움직이게 만드는 패턴을 확인한다.

세상은 당신을 필요로 한다

당신은 내면에 위대한 아이디어를 품고 있다. 당신의 아이

아이디어가 팔리는 순간

디어는 세상을 바꿀 수 있다. 세상이 이미 다소 혁신적인 방식으로 당신의 아이디어를 바꿔놨기 때문이다. 당신은 그 사실을 알았고, 자기 아이디어를 다른 사람이 외면할 수 없도록 말하는 법을 깨달았다. 고객은 질문에 대한 답을 원한다. 그들은 목표를 성취하길 원하고, 그래야만 한다.

이야기의 형태는 보편적이지만, 이야기를 만들고 그것을 풀어내는 방식은 오로지 당신만의 것이다. 일단 이야기를 만들어냈다면, 앞서 설명했던 세 가지를 모두 엮은 빨간 실을 가진 셈이다. 테세우스와 마찬가지로, 빨간 실은 당신의 아이디어를 뒷받침하는 주장을 발견하도록 도움을 줄 것이다. 빨간 실은 식별끈처럼 고유하고 차별화된 관점을 드러낸다. 그리고 운명의 빨간 실과 마찬가지로, 당신을 가장 원하고 필요로 하는 사람에게로 연결한다.

세상은 당신의 빨간 실을 필요로 한다. 세상은 당신의 아이디어를 필요로 한다. 세상은 당신을 필요로 한다. 우리가 괴물을 죽이게 도와 달라. 우리가 도시를 구하게 도와 달라. 우리가 당신의 빨간 실을 발견해 그것을 우리 것과 엮을 수 있도록 도와 달라.

감사의 글

스토리텔링의 중요한 규칙 중 하나는 자기 자신을 이야기의 주인공으로 만들지 말라는 것이다. 나 역시 하나의 동료 여행자일 뿐이며 이 여정에서 많은 이들과 함께할 수 있어서 얼마나 행운인지.

아들 토머스와 피터가 이 책을 읽으려고 할 때까지(만약 그럴 마음이 있다면) 오랜 시간을 기다려야겠지만, 내가 세상에서 자기들을 가장 자랑스러워한다는 사실은 알아줬으면 한다. 아이들은 또한 내가 의사소통에 대해 알고 있다고 생각했던 모든 것에 대해 다시 한번 생각하도록 했다.

내 자매와 나는 성장하면서 우리 부모님이 스파이라는

아이디어가 팔리는 순간

농담을 했다. 그건 부모님이 많은 설명이 필요한 일을 하셨기 때문이다. 인간과 세상에 대한 부모님의 관심은 엄청났고, 나의 빨간 실에서 그것은 영원한 일부가 되었다. 내가 성장할 수 있도록 도움을 준 호기심과 사랑 그리고 믿음에 대해 부모님께 감사드린다.

내 자매 키라야말로 우리 집안에서 에미상을 수상한 진정한 스토리텔러다. 키라는 또한 말 그대로(!) 그리고 은유적으로 몇 번씩이나 나를 구원했다. 그들에게 아무리 감사해도 충분하지 않을 것이다.

닌 제임스는 '모두'가 원하는 존재다. 닌이 내 곁에 있어줘서 너무 고맙다. 또한, 닌과 함께하는 사람들 역시 모두가 원하는 존재다. 함께 만나 군것질을 한 것에 그리고 세상에서 가장 힘이 되는(그리고 멋진) 문자의 원천이 되어준 것에 그들에게 감사드린다.

빨간 실이라는 개념은 두 명의 뛰어난 친구 조이 콜먼과 클레 허버트와 함께 저녁 식사를 하지 않았더라면 탄생하지 못했을 것이다. 내가 바로 눈앞에 있는 연결을 볼 수 있도록 해주었고, 내가 연구하던 주제에 대해 "빨간 실"이라는 이름이 어울리는지 물었을 때 "좋아!"라며 열정적인 반응을 보여주었다.

4년 전 우리 각각의 프로젝트에 대해 론과 한 달에 한 번 나눴던 대화는 내 아이디어에 대한 첫 시험 무대였다. 결국, "속담 효과"라는 책으로 결실을 봤던 론의 프로젝트는 많은 영향을 미쳤다. 속담을 발견하고 풀어내는 방법을 가르쳐준 것에 대해 론에게 감사한다.

빨간 실이라는 아이디어는 TEDx케임브리지 강연자들과 함께하는 과정에서 검증을 받았다. 나의 업무 짝꿍이자 동생(키는 엄청나게 크지만) 그리고 "아이디어 재즈"에서 최고의 합주자가 되어준 것에 대해 드미트리에게 고마운 마음을 전한다.

최고의 코치가 그러하듯 마이클과 에이미 포트는 내가 내 자기 아이디어를 더 깊이 이해하도록 밀어붙였다. 빨간 실을 주제로 한 내 자신의 TEDx 그리고 그 아이디어조차도 그들이 아니었다면 지금 모습과는 많이 다를 것이다. 친구들, 고맙네.

똑똑하면서도 너그러운 미치 조엘과 제이 베어는 책 그리고 당신과 독자, 나를 위해 책이 무엇을 해야 하는지를 주제로 한 논의에서 중요한 역할을 했다. 그리고 조쉬 베르노

　　　　　　　　　　아이디어가 팔리는 순간

프는 책에서 무엇을 다루면 안 되는지 분명하게 이해하도록 도움을 줬다. 절대 대체할 수 없는 앤 핸들러는 내게 쓰기 쉬운 책을 선택하라는 이야기를 들려줬다. 물론 책을 쓰는 것은 결코 쉬운 일이 아니지만, 내가 얻었던 조언에 대해 대단히 감사하게 생각한다.

이와 같은 아이디어와 책을 주제로 작업을 할 때, 요청했든 아니든 간에 사람들로부터 많은 피드백을 받기 마련이다. 감사하게도 나는 마자 데니스를 과거에 상사로 그리고 지금은 친구로 만나는 영광을 누렸다. 그녀는 내게 지금껏 받았던 최고의 조언을 줬다. "다른 사람이 나를 어떻게 해석하는지는 선택할 수 없지. 다만 자기 경험은 자신이 가장 잘 아는 법이라네." 당신도 그 조언이 내게 얼마나 중요했는지 이해할 수 있을 것이다. 실제로 그것은 이 책의 모든 것인 빨간 실 접근 방식의 핵심이다.

내 영혼의 자매이자 강인한 심성의 소유자인 클레만티나 에스포지토는 내가 처음부터 빨간 실의 "방법"과 "대상"의 개념을 잡을 수 있도록 도움을 줬다. 그러한 스토리텔링 전문가가 내 친구여서 정말로 행운이었다.

데보라 에이저는 이 책과 관련해 공식적으로 나와 함께

일한 첫 사람이었다. 우리 대화는 당신이 지금 읽고 있는 글의 틀을 잡아줬다. 그녀의 사려 깊은 격려와 질문 덕분에 이후의 편집자들은 수고를 덜 수 있었다.

이 책은 제시 핀클스타인과 트레나 화이트가 내게 보내준 신뢰에 대한 증언이다. 두 사람과 페이지투의 뛰어난 팀 그리고 진정한 파트너십에 대한 그들의 믿음에 고마움을 전한다. 이들의 도움으로 책이 지금의 모습으로 나올 수 있었다.

믿음은 그것을 뒷받침할 좋은 계획과 좋은 친구가 없다면 아무것도 아니다. 이러한 점에서 내게 두 친구와 조언자가 있다는 것은 축복이었다. 파멜라 슬림은 친구이자 비즈니스 코치다. 웬디는 내가 문제를 헤쳐나가도록 도움을 주는 힘든 역할에서 내 자매 다음으로 소중한 존재였다.

내 친구이자 고객인 제니퍼 이아놀로는 예전에 나를 "아이디어 위스퍼러 Idea Whisperer"이라고 불렀다. 그 별명은 영원한 기쁨으로 내게 남아 있다. 그리고 한 사람 더 있다. 그가 없었더라면 지금의 어느 것도(이 책이든, 내 경력이든 간에) 존재하지 않았을 것이다. 바로 제니퍼 몬포트다. 그녀는 스스로 "탬슨 위스퍼러 Tamsen Whisperer"라고 부른다. 아마도 그것

아이디어가 팔리는 순간

보다 더 어울리는 별명은 없을 것 같다. 그녀는 십 년 전 나와 함께 일했고, 직업적인 삶이 우리를 각자의 길로 이끌었을 때조차 팀을 꾸리고 싶은 인물 목록에서 언제나 첫 번째를 차지했다. 그리고 지금, 그녀는 나의 팀이다. 그녀는 정말로 모든 것을 관리하고, 고객에게 그들이 원하는 것을 주고, 내가 올바로 생각하도록 도움을 주는 사람이다. 그녀가 없었더라면 나는 그 모든 일을 결코 해낼 수 없었을 것이다.

그리고 마지막으로 내 남편이자 톰은 나의 또 다른 반쪽이자 끊임없이 에너지를 쏟아내는 사람이다. 그는 처음부터 나와 내 아이디어를 믿어줬다. 특히 내게도 그런 믿음이 없을 때조차 말이다. 분명하게도 나는 그 모든 일을 혼자서 할 수 없었을 것이며, 또한 그럴 필요가 없었다는 사실에 안도감을 느낀다. 그가 내 사람이 되어준 것에 고마울 뿐이다.

주

1   Tricia Wang, "The Human Insights Missing from Big Data," filmed September 2016 at TEDxCambridge, Boston, MA, video, ted.com/talks/tricia_wang_the_human_ insights_ missing_from_big_data.

2   Simon Sinek, "How Great Leaders Inspire Action," filmed September 2009 at TEDxPugetSound, Newcastle, WA, video, ted.com/talks/simon_sinek_how_great_ leaders_inspire_action.

3   Manda Mahoney, "How Customers Think: The Subconscious Mind of the Consumer (and How to Reach It)," *Working Knowledge* (Harvard Business School), January 13, 2003, hbswk.hbs.edu.

4   Chip Heath and Dan Heath, *Made to Stick: Why Some Ideas Survive and Others Die* (New York: Random House Publishing Group, 2007), Introduction, Kindle.

5   Blaise Pascal, *Pascal's Pensées* (New York: E.P. Dutton & Co., 1958), section I, released April 27, 2006, Project Gutenberg eBook, gutenberg.org/files/18269/18269-h/18269-h.htm.

6   A. Gopnik et al., *The Scientist in the Crib* (New York: Harper Perennial, 1999), quoted in Kendall Haven, *Story Proof: The Science behind the Startling Power of Story* (Westport, CT: Libraries Unlimited, 2007), chap. 4, Kindle.

7   Janice Chen et al., "Shared Memories Reveal Shared Structure in Neural Activity across Individuals," *Nature Neuroscience* 20 (2017): 115–25, doi.org/10.1038/nn.4450.

아이디어가 팔리는 순간

8   Nick Morgan, *Power Cues: The Subtle Science of Leading Groups, Persuading Others, and Maximizing Your Personal Impact* (Boston: Harvard Business Review Press, 2014), chap. 7, Kindle.

9   Bill Schley, *The Micro-Script Rules: It's Not What People Hear. It's What They Repeat* ... (New York: WidenerBooks, 2010), chap. 5, Kindle.

10   Susan Weinschenk, *100 Things Every Presenter Needs to Know about People* (Berkeley, CA: New Riders, 2012), chap. 15, Kindle.

11   Taiichi Ohno, *Toyota Production System: Beyond Large-Scale Production* (Boca Raton, fL: CRC Press, 1988), Glossary, Kindle.

12   Barry Schwartz, *The Paradox of Choice: Why More Is Less*, works.swarthmore. edu/fac-psychology/198.

13   "The 4 Cs," De Beers, debeers.com.

14   Maggie Seaver, "Do People Still Follow the 3 Months' Salary Rule for Engagement Rings?," The Knot, theknot.com.

15   Neen James, *Attention Pays: How to Drive Profitability, Productivity, and Accountability* (Hoboken, NJ: John Wiley & Sons, 2018), Kindle.

16   Shawn Coyne, *The Story Grid: What Good Editors Know* (New York: Black Irish Entertainment, 2015), chap. 25, Kindle.

17   Seth Godin, *Free Prize Inside: The Next Big Marketing Idea* (New York: Portfolio, 2004).

18   Ron Ploof, *The Proverb Effect: Secrets to Creating Tiny Phrases That Change the World* (self-pub., 2008).

19   Sir Winston Churchill, under "Perseverance" in *Churchill by Himself: In His Own Words*, ed. Richard M. Langworth (Rosetta Books, 2013), chap. 1, Kindle.

20   "Minimum Viable Product (MVP)," Glossary, Agile Alliance, agilealliance.org.

21   Johann Wolfgang von Goethe, *Die Wahlverwandtschaften* [*The Elective Affinities*] (1809, in German), chap. 2, updated April 17, 2020, Project Gutenberg eBook, gutenberg.org/files/2403/2403-h/2403-h.htm.

아이디어가 팔리는 순간

1판 1쇄 발행 2023년 1월 25일
1판 3쇄 발행 2024년 2월 15일

지은이 탬슨 웹스터
옮긴이 박세연
발행인 박명곤 **CEO** 박지성 **CFO** 김영은
기획편집1팀 채대광, 김준원, 이승미, 이상지
기획편집2팀 박일귀, 이은빈, 강민형, 이지은
디자인팀 구경표, 구혜민, 임지선
마케팅팀 임우열, 김은지, 이호, 최고은

펴낸곳 (주)현대지성
출판등록 제406-2014-000124호
전화 070-7791-2136 **팩스** 0303-3444-2136
주소 서울시 강서구 마곡중앙6로 40, 장흥빌딩 10층
홈페이지 www.hdjisung.com **이메일** support@hdjisung.com
제작처 영신사

ⓒ 현대지성 2023

※ 이 책은 저작권법에 따라 보호받는 저작물이므로 무단 전재와 복제를 금합니다.
※ 잘못 만들어진 책은 구입하신 서점에서 교환해드립니다.

"Curious and Creative people make Inspiring Contents"
현대지성은 여러분의 의견 하나하나를 소중히 받고 있습니다.
원고 투고, 오탈자 제보, 제휴 제안은 support@hdjisung.com으로 보내 주세요.

 현대지성 홈페이지

이 책을 만든 사람들
기획·편집 채대광 **디자인** 디스커버